Nina Larisch-Haider

Von der Kunst
sich selbst zu lieben

Ullstein

Besuchen Sie uns im Internet:
www.ullstein-taschenbuch.de

Ullstein Esoterik
Herausgegeben von Michael Görden

Umwelthinweis:
Dieses Buch wurde auf chlor- und säurefreiem Papier gedruckt.

Ullstein ist ein Verlag der Ullstein Buchverlage GmbH, Berlin.
Neuausgabe
1. Auflage November 2004
© 1993 by Kösel Verlag GmbH & Co. KG, München
Genehmigte Taschenbuchausgabe
Umschlaggestaltung: FranklDesign, München
Titelabbildung: Mangala
Gesetzt aus der Palatino
Druck und Bindearbeiten: Ebner & Spiegel, Ulm
Printed in Germany
ISBN 3-548-74198-3

Dieses Buch widme ich all den Menschen,
die sich für die Liebe öffnen wollen.

Inhalt

Vorwort von Peter Larisch 9
Einleitung 11

I. Erkenntnis 17

1 Was heißt es, sich selbst zu lieben? 17
2 Wozu ist es wichtig, sich selbst zu lieben? 24
3 Der Unterschied zwischen Selbst-Liebe und Egoismus ... 29
   Wie wird man ein Egoist? 30

II. Ursachen 35

1 Welche Ursachen hat die fehlende Selbst-Liebe? 35
   Die Nicht-Liebe als Grunderfahrung 35
   Die Lüge der Eltern 36
   Verschlossen sein 37
   Nicht okay sein 37
   Der eigene Schatten 38
   Sich nicht annehmen 38
   Nicht lernen wollen 39
   Egoistisch sein 39
   Sich nicht sehen wollen 39

2 Was steht der Selbst-Liebe alles im Wege? 42
   Verhaltensweisen 42
   Rollen 43
   Programme 46
   Der Umgang mit sich selbst 47

III. Auswirkungen 51

1 Welchen Schaden nimmt der einzelne, wenn er sich nicht selbst liebt? 51

Schwaches oder kein Selbst-Wert-Gefühl	57
Schwache oder keine Selbst-Achtung	60
Fehlende Selbst-Sicherheit	62
Schwaches oder fehlendes Selbst-Vertrauen	66
Fehlender Selbst-Ausdruck	70
Fehlende Selbst-Verantwortung	72
Schwaches oder fehlendes Selbst-Bewußtsein	74
Gestörter Umgang mit der Angst	78
Störung der Selbst-Regulation	81
Innere Enge	84
Mißachtung der inneren Bedürfnisse	87
Mangelnde Kontaktfähigkeit	88

2 Welchen Schaden nehmen die Gesellschaft und gesellschaftliche Gruppen, wenn sich die einzelnen Mitglieder nicht selbst lieben? 90

IV. Schritte zur Selbst-Liebe 97

1 Sich sehen lernen 97
Was heißt es, sich zu sehen? 97
Was gibt es alles zu sehen? 104
Die verschiedenen Arten des Sehens 133
Die Erschwernisse, sich zu sehen 144
Welche inneren Haltungen unterstützen das Sehen? 152

2 Sich annehmen lernen 159
Der Unterschied zwischen hin-nehmen und an-nehmen 161
Das An-nehmen als Basis jeder gewünschten Veränderung 162

3 Zu sich selbst eine fruchtbare Beziehung aufbauen 169
Was heißt das: Eine Beziehung zu sich selbst? 169
Die Türöffner zu einer bewußten Beziehung zu dir selbst 174
Eine Beziehung zu dir entwickeln 182
Die Beziehung zum eigenen Körper vertiefen 190
Dich in anderen erkennen 198

4 Dein ursprünglichens Ziel wiederfinden 201

Buchempfehlungen 206

Vorwort
von Peter Larisch

Ich hatte keine leichte Kindheit, und doch habe ich einiges gelernt: Mich durchzusetzen, mir nicht alles gefallen zu lassen, immer gut dazustehen, das größte Stück vom Kuchen zu ergaunern, mir keine Probleme anhängen zu lassen, bei allem eine weiße Weste zu behalten, kurz, ich lernte alles, was in unserer Gesellschaft wichtig ist und was »man« so braucht. Wie wenig mich diese Konzepte glücklich machten, übersah ich fast, wie die meisten meiner Mitmenschen.
Doch eines Tages traf ich eine Frau, die anders ist als die meisten Menschen: voller Lebendigkeit und Lebensfreude, oft glücklich, manchmal unglücklich, aber nie gleichgültig – direkt, ehrlich, auch unbequem, anstrengend, mutig! Erst da wurde mir klar, daß es noch etwas anderes im Leben gibt als meine kultivierte Gleichgültigkeit! Wo lag der Unterschied zwischen mir und dieser Frau? Sie liebt das Leben, sie liebt ihre Mitmenschen, und sie liebt vor allem sich! Da wurde mir klar, daß ich das wichtigste im Leben weder bei meinen Eltern noch in der Schule noch in irgendeinem Seminar gelernt hatte: nämlich mich zu lieben! Nicht ein Idealbild von mir, sondern mich selbst in allem, was mich ausmacht: meine Licht-, aber auch meine Schattenseiten, meine Stärken, meine Schwächen, meine Träume, all die Widersprüche in mir und und und ...
Die Frau, die mich so begeistert hat, habe ich inzwischen geheiratet. Nicht mitheiraten konnte ich die Kunst, mich selbst zu lieben. Die mußte (und muß) ich Schritt für Schritt erlernen. Wie wichtig diese Kunst ist, wurde mir erst allmählich klar. Sie ist nicht nur für meine Beziehung zu mir selbst wichtig, sondern auch, um andere Menschen lieben zu können.

Ich hatte das Glück, jemand zu treffen, der mir diese Kunst beibringt. Du, lieber Leser, hast zumindest ein Buch in Händen, das die Frau, die mir so geholfen hat, mit ihrer ganzen Liebe, aber auch mit ihrem scharfen Verstand in langen Tagen und durchwachten Nächten geschrieben hat. Auch ein Buch kann das Lernen nicht ersetzen, aber es kann dir noch lange Zeit Begleiter und Hilfe sein auf deinem Weg, dich zu finden und zu lieben!

Einleitung

Auch ich bin ein Opfer der Nicht-Liebe. Der einzige, der mir
– jedenfalls die meiste Zeit –, die Wärme zukommen ließ, die
ich brauchte, war mein Vater. Er gab mir auch das Gefühl,
wichtig und richtig zu sein.
Doch beide Eltern konnten mein Anders-Sein nicht annehmen
und versuchten gnadenlos, ihre Vorstellungen, wie ich in
ihren Augen zu sein hatte, durchzusetzen. Jede Strafe war
ihnen dabei recht: Kontaktsperre, Entzug von Wärme und
Zuwendung, mich klein und schlecht machen, mich schuldig
machen, Prügel und Hausarrest. Gleichzeitig drohten sie mir
ständig, mich in ein Erziehungsheim zu geben.
Nächte weinte ich voller Verzweiflung und träumte von dem
Moment, dieses Gefängnis eines Tages verlassen zu dürfen,
um die Liebe, die mir so fehlte, zu finden.
Was mir in all den Jahren des Leidens half und mich tröstete,
war der Kontakt, den ich zu mir hatte. Ich war entschlossen,
alles zu fühlen, gleichgültig, wie weh es tat, und mich alles
denken und äußern zu lassen, welche Reaktionen auch immer
dies hervorrief. Auf diese Weise blieb ich mir immer treu und
wurde sehr stark.
Und ich war zu noch etwas entschlossen: Ich wollte lernen,
das Leben zu genießen und mich glücklich werden zu lassen.
Was immer meine Eltern taten, sie schafften es nicht, mich
zu verbiegen oder mich dazu zu bringen, mich zuzumachen
oder zurückzuziehen.
Das war mir natürlich auch bei meiner Bewußtseinsarbeit
sehr nützlich. Denn auch hier schaffte es niemand, mir seine
Vorstellungen, wie ich zu sein habe, aufzudrücken.
Und dennoch, auch an den Orten, wo ich nach Heilung

suchte, mußte ich auf die Liebe verzichten. Ich teilte Menschen (Therapeuten, Seminarleitern, Teilnehmern) meine intimsten Wahrheiten mit, ohne das Gefühl zu haben, daß ich völlig okay und wirklich angenommen bin. Und niemand verstand meinen wirklichen Schmerz – weil ich ihn einfach nicht ausdrücken konnte –, daß ich bisher nirgends einen Ort gefunden hatte, wo ich so sein durfte, wie ich war *und* geliebt wurde.

Es dauerte Jahre – ich war inzwischen selber Therapeutin geworden –, bis ich begriff, daß ich diesen Ort in mir schaffen muß, um das Glück zu erleben, wonach ich mich so sehnte. Ich ging auf erneute Wanderschaft und fand heraus, daß die Liebe eine Energie ist, zu der wir im Zustand der schrankenlosen Offenheit Zugriff haben. Ich tat alles, was in meinen Kräften stand, um alle Hindernisse und Hürden abzubauen, die mich daran hinderten, ein liebender Mensch zu werden. Dabei bekam ich wertvolle Hilfen. Ich lernte Christian, meinen ersten Mann, kennen, mit dem ich diese Offenheit erreichte, und bekam zwei Kinder von ihm, die wesentlich zu meiner endgültigen Öffnung beigetragen haben. Vor allen Dingen meine Tochter Laura, die mongoloid geboren ist und durch ihr Wesen und ihr Sein ein wahrer Herzensöffner ist.

Als I-Tüpfelchen traf ich vor fünf Jahren noch meinen Seelenpartner, meinen jetzigen Mann Peter, bei dem ich die Liebe leben und erfahren kann, wie ich sie mir immer gewünscht habe.

Das Thema »Selbst-Liebe« kam erst bei einem Seminar, das ich 1990 in Hamburg leitete, voll in mein Blickfeld, als ich urplötzlich erkannte, wie erschreckend lieblos fast jeder dieser prächtigen Menschen, die ich mühelos lieben und annehmen konnte, mit sich umging: Entweder machten sie sich schlecht oder klein, ließen sich nicht wirklich das leben, was sich in ihrem Inneren abspielte, fanden sich häßlich und dumm oder ließen es nicht zu, Wachstumsprozesse zu machen. Als ich das in der vollen Bandbreite erkannte, war ich so berührt, daß ich nur noch weinte.

Das war der Anfang meiner Beschäftigung mit dem Thema »Selbst-Liebe«. Seitdem ließ es mich nicht mehr los.

Als erstes begriff ich, daß ich mich über all die schwierigen Jahre meiner Kindheit hinweggerettet hatte, indem ich mir immer offen und zugewandt begegnet war. Und dennoch hatte ich jahrelang meinen Körper vernachlässigt – ich hatte es nicht besser gelernt und war sehr körperfeindlich erzogen worden –, einfach weil ich ihn nicht liebte.

Seitdem habe ich mich sehr intensiv mit dem Thema der Selbst-Liebe beschäftigt, halte darüber Vorträge und gebe Seminare, so daß Menschen lernen, sich mehr für sich selbst zu öffnen, sich mehr zuzulassen und anzunehmen.

Ich halte das Thema »Selbst-Liebe« inzwischen für eines der wichtigsten auf dieser Erde, weil mir ganz klar geworden ist, daß man andere Menschen meistens genauso behandelt wie sich selbst. Und wenn man sich selbst nicht liebt, liebt man auch keinen anderen. Außerdem ist die Selbst-Liebe die einzige Kraft, die einen Menschen dazu bringt, ganz für sich da zu sein und sich zu entwickeln.

Unsere Erde, auf der die Nicht-Liebe immer mehr vorherrscht, braucht Menschen, die sich lieben, damit sie auch andere Menschen wieder lieben lernen. Mein Buch soll ein wesentlicher Beitrag zu diesem Prozeß sein.

Ich hoffe, daß es dir und vielen anderen Menschen hilft, dich besser zu verstehen und anzunehmen. Und ich habe die Hoffnung, daß du die Mühe auf dich nehmen wirst, alles dafür zu tun, um dich eines Tages lieben zu können und ein liebender Mensch zu werden. Wir brauchen dich!

❖ Liebe ist gelebte Wahrheit ❖

In diesem Sinne umarme ich dich herzlich, liebe Leserin und lieber Leser.

Mein Standort, von dem aus ich dieses Buch geschrieben habe

Die *Liebe* ist die einzige Kraft, die uns mit allem in uns und außerhalb von uns in Verbindung bringt. Sie überwindet alle Gegensätze und hebt alles Trennende auf. Die Liebe läßt alles *sein*, was sich – wie auch immer – ausdrücken will, ohne sich abzuwenden.
Jede wirkliche Heilung im Sinne von körperlicher und seelisch-geistiger Gesundung ist nur durch die *Liebe* möglich.
Diese *Liebe* ist eine Energie, die allgegenwärtig ist. Sie steht uns Menschen jederzeit zur Verfügung, wenn wir bereit sind, uns für sie zu öffnen. Die Voraussetzung dafür ist, daß wir Schritt für Schritt lernen, alles Sein in uns und außerhalb von uns zuzulassen und dabei offen zu bleiben.
Die *Liebe* ist gleichzeitig eine Richtung, die uns Gott immer näherbringt.
Die meisten Menschen unterliegen der Täuschung, daß sie sich selbst und andere Menschen lieben, und verhindern damit, daß sie sich zur *Liebe* hinentwickeln können.
Da die *Liebe* ein Bewußtseinszustand ist und nur wenige Menschen nach Bewußtheit streben, hat die Nicht-Liebe die meiste Macht auf unserem Planeten Erde. Das hat zur Folge, daß das menschliche Sein immer mehr verroht und gleichzeitig immer stärker bedroht ist.
Nur menschliche Verbindungen – auch die Beziehung zu sich selbst – und gesellschaftliche Systeme, die an der *Liebe* orientiert sind, dienen dem menschlichen Sein und führen zu einer Weiterentwicklung sowohl des einzelnen als auch der gesamten Menschheit.
Die Folgen der Nicht-Liebe vor Augen haben wir in diesem Zeitalter erneut die Chance, uns der *Liebe* zuzuwenden und zu einer Rettung des Ganzen beizutragen.

Sich selbst zu lieben ist eine Kunst:
Sie besteht darin,
daß du dich auch dann noch liebst,
wenn du dich gerade häßlich, dumm
oder dergleichen findest.

I
Erkenntnis

1 Was heißt es, sich selbst zu lieben?

In einer Zeit, in der es wichtiger ist, was ein Mensch darstellt, was er leistet und was er besitzt, als *was* für ein Mensch er ist, welches Wesen und welche innere Größe er besitzt, ist die Selbst-Liebe bislang kein Thema in unserer Gesellschaft – und nach wie vor kein Erziehungsziel bei unseren Kindern. Und so kommt es, daß die wenigsten Menschen lieben – weder sich selbst noch andere. Die Auswirkungen davon können wir weltweit beobachten.

Noch ist es nicht im Bewußtsein der meisten Menschen, daß es möglich ist, sich selbst zu lieben, und wie wichtig das ist. Und – was noch viel wichtiger ist – daß die Liebe zu sich selbst eine Voraussetzung ist, um einen anderen Menschen lieben zu können. Schon Jesus Christus zeigte uns vor fast zweitausend Jahren diesen Zusammenhang auf: »Liebe deinen Nächsten wie dich selbst.«

Da fast alle menschlichen Probleme auf mangelnde Liebe zurückzuführen sind, ist es äußerst wichtig, daß immer mehr Menschen erfahren, was es heißt, sich selbst (und andere) zu lieben, und welche inneren Entwicklungsschritte nötig sind, um an den Ort der Liebe zu gelangen.

Das Wichtigste, was wir von der Liebe verstehen müssen, ist, daß die Liebe *sehen* bedeutet. Wobei nicht das Sehen allein mit den Augen gemeint ist, sondern mit allen Sinnen auf allen Ebenen, dem Körper, den Gefühlen und den Gedanken. Dafür

ist es notwendig, so offen wie möglich zu sein. Daher kannst du dich nur in dem Maße lieben, wie du offen für dich bist und dich siehst. Gleichzeitig brauchst du das innere Wissen, daß du immer, in jeder Situation, der Liebe wert bist.
Um dich selbst lieben zu lernen, brauchst du das *Ziel*, dich zu lieben.

Sich selbst zu lieben heißt:

Ich weiß in meinem tiefsten Inneren (ich denke es nicht nur), daß ich liebens-wert bin,
> unabhängig davon, wie ich mich fühle,
> unabhängig davon, was ich denke,
> unabhängig davon, wie ich mich verhalte,
> unabhängig davon, wie ich aussehe,
> unabhängig davon, ob ich gesund oder krank bin,
> unabhängig davon, aus welcher Familie ich stamme,
> unabhängig davon, was ich arbeite,
> unabhängig davon, was ich leiste,
> unabhängig davon, was ich besitze,
> unabhängig davon, was ich bisher aus meinem Leben gemacht habe,
> unabhängig davon, was ich bin oder tue …

Ich weiß, daß ich nichts Bestimmtes darstellen, leisten oder sein muß, um liebens-wert zu sein.

❖ Ich muß nichts dafür tun ❖

Ich weiß, daß mir diesen Wert – liebens-wert zu sein – niemand absprechen kann, auch wenn er mich ablehnt, lieblos behandelt oder mich sogar diskriminiert.

❖ Ich kann ihn nicht verlieren ❖

Ich weiß, daß ich auch dann liebens-wert bleibe, wenn mich jemand nicht liebt, mich nicht lieben will oder behauptet,

mich nicht lieben zu können, weil ich so oder so bin. In diesen Fällen weiß ich, daß dieser Mensch noch nicht im Zustand der Liebe ist, nicht sein will oder nicht bleiben kann, weil er bei anderen noch nicht alles, zum Beispiel bestimmte Eigenschaften oder Verhaltensweisen, annehmen und/oder zulassen kann.
Ich weiß, daß ich auch dann liebens-wert bin und bleibe, wenn mich jemand kritisiert oder Dinge über mich sagt, die in meinen oder seinen Augen nicht okay sind.

❖ Ich muß nichts Bestimmtes sein ❖

Sich selbst zu lieben heißt,

> daß ich mir selbst gegenüber *offen* bin, so daß ich alles an und in mir wahrnehmen, das heißt *sehen* darf und mich davon berühren lasse.
> Dabei bin ich nicht an einem »guten Bild« von mir interessiert, sondern gestehe mir ehrlich meinen jeweiligen Standort ein, was ich fühle, denke, was mir mein Körper zu sagen hat und wie meine Reaktionen auf Situationen und Menschen sind.

Sich selbst zu lieben heißt,

> daß ich bereit bin, mich in allem, was mich ausmacht und was aus mir herauskommt, anzunehmen, ohne mich zu be- oder verurteilen.

Sich selbst zu lieben heißt,

> daß ich mir genügend Wichtigkeit und Aufmerksamkeit gebe, damit ich ständig mit mir in Kontakt sein kann.

Sich selbst zu lieben heißt,

> daß ich mich das leben und ausdrücken lasse, was mich bewegt, was mir wichtig ist, so daß ich mehr und mehr für mich und andere sichtbar werden kann.

Sich selbst zu lieben heißt,
> eins mit mir zu sein, das heißt, daß alle Instanzen in mir wach sind, von mir gehört und von meinem Bewußtsein gelenkt werden.

Sich selbst zu lieben heißt,
> daß ich mit mir selbst eine Beziehung habe, die getragen ist von Anteilnahme, Interesse, Verständnis und Wohlwollen.

Sich selbst zu lieben heißt,
> daß ich mich als Autor meines Lebens und von dem, was ich jeweils erlebe, begreife und erkenne und die Verantwortung dafür übernehme.

Sich selbst zu lieben heißt,
> daß es mir wichtig ist, wie ich bin, und zwar nach meinen eigenen Wertvorstellungen und nicht nach denen anderer.

Sich selbst zu lieben heißt,
> daß ich micht nicht getrennt vom Rest der Welt sehe und erlebe, sondern mich als einen Teil des Ganzen begreife.

Sich selbst zu lieben heißt,
> daß ich meinem Leben eine Richtung gebe, die ich mir mit Bewußtsein aus meinem Inneren heraus erarbeite und der ich kontinuierlich folge. Zum Beispiel: »Ich will wach werden«, oder: »Ich will mich als liebender Mensch erfahren«.

Sich selbst zu lieben heißt,
> daß ich ein absolutes Ja zu mir habe und behalte – unabhängig davon, was passiert.

Die Selbst-Liebe hat als Basis das innere, bewußte Lernen und als *Ziel*, daß ein Mensch über sich hinauswachsen und sein Sein ständig erweitern will.

Die Selbst-Liebe ist uns Menschen nicht angeboren, doch wir tragen die Fähigkeit in uns, sie in einem längeren Lernprozeß in uns zu entwickeln.

Schon als Kinder hätten wir es gebraucht, daß uns unsere Eltern zu diesem Entwicklungsprozeß anleiten, doch da sie es selbst nicht gelernt hatten, konnten sie diese Aufgabe nicht erfüllen.

Deswegen müssen wir meist erst als Erwachsene begreifen lernen, daß es da jemand gibt, der unsere Aufmerksamkeit und Liebe braucht, *nämlich wir selbst.*

Wenn du all das gelesen hast, gibt es viele Möglichkeiten, mit dem, was du gerade über die Selbst-Liebe erfahren hast, umzugehen:

- Du kannst dir vormachen, daß du dich schon liebst,
- du kannst dich dagegen wehren und behaupten, du wüßtest besser, was Selbst-Liebe ist,
- du kannst dich schlechtmachen, daß du dich in dieser Weise noch nicht liebst,
- du kannst dich entmutigen, daß du es nie schaffen wirst, an diesen Ort zu kommen,
- du kannst dich freuen, daß du endlich begreifst, was Selbst-Liebe ist,
- und natürlich kannst du auch ehrlich feststellen, daß du diese Selbst-Liebe schon in dir entwickelt hast.

Auf jeden Fall ist es wichtig, daß du ehrlich mit dir bist und – wenn du an dieses Ziel kommen willst –, dich nicht entmutigst.

Ich habe hier das Ergebnis eines Prozesses beschrieben, damit du das Ziel kennst und für dich anstreben kannst. Die einzelnen Schritte dahin werde ich noch detailliert beschreiben.

Niemand verlangt von dir, daß du schon am Ziel bist oder schnell an dieses Ziel kommen mußt – außer du selbst tust es.

Das Ganze ist ein Weg, der Schritt für Schritt gegangen werden will, wobei du dich schon nach jedem Schritt leichter und zufriedener fühlen wirst – Lohn genug für deine Mühe.

*Irgendwann einmal
hast du dich als Kind verschlossen,
weil dir das »Leben« weh getan hat,
jetzt mußt du wissen,
daß dir das »Leben« weh tut,
wenn du verschlossen bleibst.*

2
Wozu ist es wichtig, sich selbst zu lieben?

Wenn du ein bewußtes Leben führen oder glücklich werden willst, ist es unbedingt notwendig, dich selbst zu lieben.
Denn dich selbst zu lieben heißt, daß du dir zugewandt bist und in Verbindung mit dir stehst, daß du dir wichtig bist. Nur von diesem Standort aus kannst du herausfinden, was deinem Glück im Wege steht und was dich wirklich glücklich machen kann; was du brauchst, um Erfüllung in diesem Leben zu finden.
Nur so wirst du es schaffen, glücklich zu sein. Sonst wird dir immer etwas fehlen: nämlich du selbst. Und ohne dich kannst du dich auch nicht entwickeln, denn um dich zu entwickeln, mußt du zuerst einmal wissen, wo du stehst, was dich ausmacht, was deine Vergangenheit mit dir gemacht hat und welche Entwicklung du brauchst, um deine Aufgabe in diesem Leben zu finden.
Dafür ist es wichtig, ständig mit dir in Kontakt zu sein, damit du wahrnehmen kannst, was sich alles in dir abspielt, was dich bewegt, was dich berührt und was körperlich in dir nicht stimmt.
Was sich in dir abspielt, ist wichtiger als alles, was außerhalb von dir passiert. Du wirst sehen, wenn du auf dein Inneres hörst, wirst du auch mit dem äußeren Leben besser zurechtkommen.
Dein Inneres, deine innere Wahrheit ist deine Quelle, aus der du täglich schöpfen kannst. Es ist wichtig, daß du mit ihr verbunden bist und aus ihr heraus lebst. Wenn du mit deiner inneren Wahrheit nicht verbunden bist, verlierst du dich immer mehr und gehst irgendwann ziellos durchs Leben.

Du hast viele verschiedene Instanzen in dir. Jede davon braucht deine Aufmerksamkeit: Für *dein Herz* ist es wichtig, daß du ihm zuhörst, damit es dir sagen kann, wo der richtige Ort und die richtigen Menschen für dich sind. Wenn du *deinen Körper* wirklich spürst, kann er dir sagen, was er an Nahrung und an Behandlung wirklich braucht oder was er für seine Heilung benötigt. Nur wenn du auf *deine Gefühle* achtest, kannst du sehen, wie dich die Dinge und die Menschen berühren. Nur wenn du auf *deine Gedanken* achtest, kannst du herausfinden, was du willst, womit du dir angst machst, wie du dich antreibst usw. Nur wenn du in Kontakt mit *deiner Intuition* bist, kannst du einem umfassenderen Wissen in dir folgen.

Nur wenn du deiner *Kreativität* folgst, weißt du, welche Farben und Formen, welche Töne und Bewegungen, das heißt welche Ausdrucksmöglichkeiten in dir stecken usw.

Und indem du dir zuhörst, dich fühlst, nachspürst und deine Kontrolle aufgibst, um dich auszudrücken und zu zeigen, hilfst du dir, dich besser zu verstehen und dich mehr und mehr kennenzulernen. Erst dann kannst du die Wichtigkeit deines Inneren wirklich begreifen.

Ob du dich selbst liebst oder nicht, entscheidet darüber, wie du dich fühlst, was du denkst, wie du das Leben und die Menschen siehst, ob dir das Leben gefällt und wie du das menschliche Miteinander erfährst.

Wenn du dich liebst, hast du ein klares Grundgefühl in dir. Du fühlst dich in dir sicher und geborgen, du bist okay für dich und hast dadurch die Freiheit in dir, dich in allem sein zu lassen, was und wie du jeweils bist, und auch die anderen Menschen dürfen dich in allem sehen. Von diesem festen Fundament aus begegnest du dem Leben: Du bist selbst-sicher. Nichts kann dich so leicht umwerfen, obwohl du berührbar und empfänglich bist, du auf Menschen und Situationen reagierst, dich zeigst. Du erlebst das Leben nicht als eine Anzahl von Bedrohungen, sondern du weißt, daß du dein Leben meistern kannst. Du hast Selbst-Vertrauen. Auch

Menschen sind nicht gefährlich für dich, sondern du siehst sie als deine Mitspieler und Mitstreiter, du kannst dich an ihnen reiben, ohne an dir zu zweifeln. Wenn du dich liebst, weißt du erst, wie wichtig du für dein Leben bist und bist daher auch nicht länger bereit, andere Menschen wichtiger zu nehmen als dich.
Du isolierst dich nicht, du suchst das Miteinander mit anderen, du weißt, daß du sie brauchst, um dich zu erkennen und dich zu leben.

Wenn du dich hingegen nicht liebst, fehlt dir der Boden für alles. Du bist wie ein Schiff ohne Kapitän, dadurch hältst du dich an allem fest, was sich dafür eignet. Du fühlst dich meistens unsicher und bist schnell angespannt. Das Leben, die Menschen und die Zukunft machen dir angst, daher suchst du nach äußerlichen Sicherheiten. Du mußt anderen Menschen gefallen, und wenn du jemandem mißfällst, zweifelst du an dir. Du mußt dich dauernd anstrengen, um irgendwelchen Ansprüchen gerecht zu werden. Du mußt dich verstecken und den Teil deines Lebens unterdrücken, der nicht gefallen könnte oder nicht in das Bild der anderen von dir paßt. Du mußt vorsichtig sein, aufpassen, dich kontrollieren. Du fühlst dich von jeder Kleinigkeit angegriffen. Jedes laute Wort oder eine Kritik von anderen wirft dich gleich um. Du hast schnell Schuldgefühle und denkst sofort, du hättest etwas falsch gemacht.
Du bist eher mißtrauisch anderen gegenüber, besonders wenn sie etwas von dir wollen. Du kannst auch die Zuneigung anderer Menschen nicht wirklich annehmen, weil du ihnen nicht glauben kannst, daß sie wirklich dich meinen, wo du dich doch gar nicht gut findest. Du gibst den anderen die Schuld, wenn du dich mit ihnen nicht wohl fühlst und isolierst dich immer mehr. Du fühlst dich schwach und ungeliebt.

Wenn du dich *selbst* liebst,
kommst du von einer starken Position.

Wenn du dich *nicht* liebst,
kommst du eher von einer schwachen Position.

Der Mensch, der dem Leben mit Stärke begegnet, wird natürlich ganz andere Erfahrungen machen als jemand, der unsicher und schwach auf das Leben zugeht.

Die Folge dieser unterschiedlichen Haltungen läßt sich bei jedem Menschen deutlich erkennen:

---

*E*in Mensch, der sich selbst liebt, ist bereit, vom Leben und seinen Problemen zu lernen, sie als Herausforderung zu betrachten. Er wird immer gut mit sich umgehen oder es lernen wollen, er wird sich wichtig nehmen und sich um sich selbst kümmern.

Ein Mensch, der sich selbst nicht liebt, wird in Krisen- und Problemzeiten am Leben eher verzweifeln, da er sich als Opfer des Lebens sieht und sich wenig zutraut. Er wird sich eher interesselos begegnen, sich weder wichtig nehmen, noch sich wirklich um sich kümmern und sich oft sogar lieblos behandeln.

*Ein Egoist glaubt,
er sei allein auf dieser Welt.*

3
Der Unterschied zwischen Selbst-Liebe und Egoismus

Da Selbst-Liebe häufig mit Egoismus verwechselt wird – egoistische Menschen glauben, sich zu lieben – und die Selbst-Liebe mit dem Egoismus gleichgesetzt und deswegen als unmoralisch bezeichnet wird, will ich an dieser Stelle den Egoisten näher beschreiben, um jede Verwechslung auszuschließen. Mein Wunsch dabei ist, daß jeder den Unterschied zur Selbst-Liebe erkennt und sich nicht weiter in seinen Egoismus verrennen muß. Denn der Egoismus steht der Selbst-Liebe am meisten im Wege.
Den Unterschied zwischen Selbst-Liebe und Egoismus zu erkennen ist aber auch für die Menschen wichtig, die Angst haben, egoistisch zu sein, wenn sie sich um sich selbst kümmern und wichtig nehmen.
Der Egoist und derjenige, der sich selbst liebt, haben etwas ganz Zentrales gemeinsam: daß sich nämlich der jeweilige Mensch in den Mittelpunkt seines Lebens stellt. Ihre innere Ausrichtung ist dabei jedoch eine ganz andere:

Der Egoist dreht sich um sich selbst, mit dem Blick nach außen, er schaut, was es zu »kriegen« gibt. Er glaubt, daß ihn »haben« glücklich machen kann. Er ist kaum oder gar nicht an seinem Sein interessiert, ihm ist auch nicht wichtig, wie er ist.

Der Selbst-Liebende hat seinen Blick auf sich selbst gerichtet und wirkt in alle Richtungen – er tut Dinge für sich selbst und Dinge für andere, einfach weil er sie ihnen geben will. Er ist an seinem Sein interessiert, ihm ist wichtig, wie er ist.

Wie wird man ein Egoist?

Die meisten Menschen in unserer Zeit sind zu mehr oder weniger großen Egoisten erzogen worden. Als »zukünftige« Egoisten lernten wir schon als Kinder, uns hauptsächlich um unsere eigenen Belange zu kümmern und uns dabei fast ausschließlich um uns zu drehen – ohne uns dabei wirklich zu sehen. Denn wir lernten nicht, unseren Blick auf unser Inneres zu richten, aber auch nicht auf andere, sondern nur auf das, was wir außen bekommen können, um satt, zufrieden oder glücklich zu werden oder um wenigstens unsere Langeweile zu vertreiben. Die Wünsche und Bedürfnisse anderer kamen höchst selten in unser Blickfeld.

Aber auch im Zusammenleben mit unserer Familie lernten wir nicht, für unsere Familie, die Gemeinschaft, in der wir lebten, dazusein in der Weise, wie es altersgemäß jeweils möglich gewesen wäre (sonntägliches Abwaschen ist vielen Kindern schon zuviel!), sondern wir lernten, hauptsächlich für uns etwas zu machen, manchmal sogar ohne Rücksicht auf die anderen.

Wir lernten außerdem, hauptsächlich auf unsere eigenen Leistungen zu achten, was häufig noch im Kindergarten und in der Schule verstärkt wurde. Dadurch lernten wir eher miteinander zu konkurrieren, als auf die Gesamtleistung und das Wohlergehen unserer jeweiligen Gruppe zu achten und Interesse dafür zu entwickeln.

Mehr und mehr nehmen wir nur noch unsere persönlichen Interessen wahr, ohne uns um den Rest der Welt zu kümmern. Ein Großteil der Umweltschäden ist auf diese Haltung zurückzuführen.

Ein anderer Teil der Menschen, der dazu angeleitet wurde, sich selbst mehr oder weniger zu verleugnen – alles für andere zu tun und kaum bis gar nichts für sich selbst –, ist nur die Kehrseite des gleichen Grundmusters. Auch diese Menschen lernen nicht, sich zu sehen und ihre wahren Bedürfnisse zu erfüllen. Eine Krankenschwester zum Beispiel sieht nicht, daß sie Heilung braucht – in welcher Form auch immer –, sie sieht die Krankheit außen und will sie außen beheben. Dafür gibt sie sich selber Anerkennung, erwartet aber auch die Anerkennung von außen und erträgt es kaum, wenn jemand ihre Hilfe zurückweist.

Diese Menschen machen viel, um Liebe oder Anerkennung zu bekommen, selten ist es ein selbstloses Geben, und dennoch machen sie mehr für andere Menschen als die reinen Egoisten. Auch eine so scheinbar selbstlose Mutter, die alles für ihre Familie tut, ist von ihrem starken Wunsch nach Anerkennung gesteuert: Durch ihre starke Identifizierung mit ihrer Familie dehnt sich ihr Ich aus: »Ich will gute Noten«, »Ich will erfolgreich sein« usw. Sie will es für sich. Auch sie verträgt keine Kritik.

Nachdem uns diese Haltung, uns *nur* für unsere Belange einzusetzen, von jedem in unserer Gesellschaft vorgelebt wird, wenn auch in unterschiedlicher Ausprägung, werden wir in ihr immer wieder bestärkt. Warum sollten wir es anders machen, nachdem ein jeder so ist? »Das wäre doch dumm«, denken wir. Und auf diese Weise ist ein Egoist geboren.

Welche Folgen hat das? Der Egoist konzentriert sich hauptsächlich auf sich selbst und klammert andere mehr und mehr aus seinem Leben aus, außer in den Momenten, wo sie für ihn in irgendeiner Form nützlich sein könnten. Er schafft das, indem er sich kaum nach außen öffnet und sich in sich abkapselt. Mit der Zeit dreht er sich nur noch um sich selbst, ist eher verschlossen und sein Blick ist nur nach außen gerichtet. Er achtet hauptsächlich darauf,

>   nicht zu kurz zu kommen,
>   genügend zu bekommen,
>   nicht zuviel hergeben zu müssen,
>   Recht zu behalten,
>   nichts an sich heranzulassen, was er nicht hören oder sehen will,

nur alleine Erfolg zu haben,
seine jeweiligen Werte zu vermehren wie Ansehen, Reichtum, Besitz usw.,
nicht schlechter dazustehen als andere,
daß andere nicht mehr bekommen oder mehr sind wie er etc.

Ein Egoist sieht andere wenig. Er ist auf seinen Vorteil bedacht und hat klare Prioritäten für das Materielle. Ihm ist nicht wichtig, wie er ist, sondern was er hat oder haben kann. Sein Augenmerk gilt Äußerlichkeiten: was andere von ihm halten, wie er bei ihnen ankommt, denn er braucht die anderen für seine Zwecke. Manchmal geht ihm dadurch seine persönliche Moral verloren.

Selten macht er etwas einfach nur so, weil es gebraucht wird, oder weil es einem anderen oder der Gesellschaft dienlich wäre, ohne Profit, ohne Gewinn. Er muß immer etwas unmittelbar dafür bekommen, seine Interessen gehen ihm immer vor. »Was bringt mir das?« ist die gängige Frage eines Egoisten.

Daher kann man einen Egoisten durch das In-Aussicht-Stellen von Geld, Ansehen oder Macht locken, etwas zu tun, was sogar anderen Menschen schadet. Dadurch, daß sich der Egoist innerlich zurückgezogen hat, spielt es für ihn keine Rolle mehr, wie er ist, und er merkt es auch nicht, weil er kaum Widerhall bekommt, durch den ihm seine Lage bewußt werden könnte. *Er kennt aus seiner Haltung heraus keine Veränderung*, da er sich eher als statisch sieht. Aus diesem Grund will er auch, daß sich die Welt ihm anpaßt und nicht umgekehrt.

Jeden Mangel, zum Beispiel daß er keinen Partner findet, nimmt er nicht als Grund zum Lernen, sondern zum Verstärken seines Egoismus. *Er kommt nie darauf, daß er etwas zum Lernen hat* – und genau damit erhält sich dieses System aufrecht.

Und selbst wenn es dem Egoisten mit der Zeit aufgrund

seiner Haltung anderen Menschen gegenüber immer schlechter geht, deutet er dies nicht so, daß mit ihm etwas nicht stimmt, sondern er kommt zu dem Schluß, daß er sich wahrscheinlich bisher noch nicht genügend um sich selbst gekümmert hat und beschließt, ab sofort nur noch an sich zu denken, nur noch zu tun, was er will usw. und verstärkt damit seine Abkapselung noch mehr.

So auf sein Ich verhaftet identifiziert sich der Egoist so stark damit, daß er glaubt, sterben zu müssen, wenn dieses Muster von außen bedroht wird. Da er nie gelernt hat, seinen Blick auf sich selbst zu richten, um herauszufinden, *wie* er ist, weiß er auch nicht, was er *wirklich* braucht und was wichtig für sein Glück ist. Er glaubt zwar, er kümmere sich um sich selbst, hat aber gar nicht den Blick für seine wahren Bedürfnisse. Daher sind Egoisten meist Menschen, die sehr hungrig sind und anderen wenig geben wollen. Sie glauben eher, daß man ihnen etwas geben müßte. Außerdem können sie ihren Mitmenschen nicht erlauben, sie zu sehen und sich an ihnen zu reiben.

In einer Partnerschaft will der Egoist nicht sehen und hören, was er auslöst, was sein Verhalten bewirkt, was von ihm gebraucht wird. Er geht selten auf andere ein. Alles soll sich möglichst um ihn drehen, dabei will er jedoch unangetastet bleiben. Das hat zur Folge, daß ein wirklicher Austausch, in dem sich die Partner erfahren und voneinander lernen, nicht oder nur sehr schwer möglich ist. Das Ganze verstärkt sich natürlich, wenn zwei Egoisten aufeinandertreffen. Auf diese Weise wird eine Beziehung häufig zu einem Kampfplatz oder zu einem Leidensweg.

Scheitern dann die Beziehungen eines Egoisten – weil eine Beziehung ohne Lernen früher oder später zum Scheitern verurteilt ist –, schafft er es, sich einzureden, daß es mit den Menschen einfach nicht geht, weil ... (dafür findet er hundert Gründe), daß es ohne Partner doch schöner ist oder daß er keine Beziehung braucht, weil ... Mit ihm hat es auf jeden Fall nichts zu tun. Auf diese Weise zieht er sich noch mehr von den Menschen zurück und richtet sein Leben immer mehr so ein, daß er keine Beziehung mehr braucht, so daß sein Leben immer beziehungsloser wird. Die Folge ist dann der eingeschworene Single oder Einzelgänger.

Da die meisten Menschen das Egoismus-Muster angenommen haben und gleichzeitig nicht wissen, daß Partnerschaften zur Erweiterung ihres Seins wichtig und notwendig sind, gehen immer weniger Menschen Beziehungen ein, so daß die Gesellschaft insgesamt immer beziehungsloser wird. Was wiederum zur Folge hat, daß immer weniger Menschen in einer Partnerschaft das Lieben lernen können.

Es ist weder verwerflich noch schlimm, egoistisch zu sein, da es ein antrainiertes Muster ist. Allerdings hindert uns dieses Muster an unserem inneren Wachstum, an einem fruchtbaren menschlichen Miteinander und an der Erfüllung unseres Lebens. Nur wenn wir dies erkennen, können wir es abbauen. Der Egoismus ist eine der größten Wachstumsbremsen der Menschheit und gleichzeitig die Krankheit unserer Zeit. Die Selbst-Liebe vermag uns von dieser Krankheit zu heilen.

II
Ursachen

1 Welche Ursachen hat die fehlende Selbst-Liebe?

Es gibt zahlreiche Ursachen für die mangelnde Selbst-Liebe. Selten ist nur eine Ursache für diesen Zustand allein verantwortlich, meist wirken mehrere gleichzeitig.
Zwei Hauptursachen lassen sich bei fast jedem finden: Ein Mensch, der als Kind nicht geliebt wurde, konnte nicht die Erfahrung machen, der Liebe wert zu sein und durch die Augen der Liebe gesehen und angenommen zu werden. Die Folge ist, daß dieser Mensch aufgrund seiner Erfahrung, nicht geliebt, nicht gesehen und nicht angenommen zu sein, nicht gelernt hat, sich selber zu sehen und anzunehmen.

Die Nicht-Liebe als Grunderfahrung

Die Liebe ist ein Bewußtseinszustand, der einen immerwährenden Bewußtseinsprozeß verlangt. Viele Eltern sind aber in ihrer Entwicklung noch nicht so weit, diesen Zustand anzustreben und dadurch noch nicht in der Lage, ihre Kinder zu lieben. Genauso schafft es nur eine kleine Zahl von Eltern, ihren Kindern ein absolutes Ja zu geben. Dadurch konnten die wenigsten Menschen als Kinder die Erfahrung machen, geliebt zu werden oder nur für kurze Zeit oder kurze Momente, in denen beide Eltern oder nur Mutter oder Vater ein absolutes Ja für ihr Kind hatten.

Damit ein Kind lernt, sich selbst zu lieben, braucht es die Erfahrung, geliebt zu werden, denn ohne diese Erfahrung weiß das Kind weder, daß es liebens-wert ist, noch daß es so sein darf, wie es in all seinen Facetten jeweils ist. Genauso braucht ein Kind die Erfahrung, gesehen und angenommen zu werden, damit es lernt, sich selbst zu sehen und anzunehmen.
Ohne das Gefühl des Geliebtwerdens und ohne die Sicherheit, daß es in jedem Zustand, in jeder Situation liebens-wert ist, wird ein Kind wenig von sich halten. Es wird sich nicht mehr trauen, das zu leben und auszudrücken, was die Eltern als »schlecht« bezeichnen und sich mehr und mehr den elterlichen Wünschen und Vorstellungen anpassen.

Die Lüge der Eltern

Zu dieser Grunderfahrung kommt hinzu, daß das Kind die Lüge der Eltern, ihr Kind zu lieben, nicht wahrnehmen und schon gar nicht aufdecken darf. Dieser Punkt ist für die meisten Eltern tabu. Das Kind bekommt unter Androhung von Strafe – in welcher Art auch immer – eingeschärft, diesen Punkt niemals zu beleuchten.
Da die meisten Kinder diesem Verbot folgen und die Nicht-Liebe aus ihrem Blickfeld ausblenden – selbst wenn sie mißbraucht wurden – oder sogar anstelle der Nicht-Liebe Liebe sehen, entfernen sie sich von ihrer eigenen inneren Wahrheit und damit auch von sich selbst. Die Folge ist, daß sie sich ein Stück verlieren und sich dadurch häufig in eine falsche Sache oder Richtung verirren – Materialismus, Radikalismus oder dergleichen – oder bestimmte Ideologien verfolgen, Mitglied einer Sekte werden usw.
Denn durch diese Ausblendung fällt die Instanz, die uns nach einer liebevollen, gesunden Umgebung suchen läßt, aus, so daß wir als Kind oder Jugendlicher, später auch als Erwachsener, überall blind für die Nicht-Liebe werden. Das läßt uns immer wieder viele enttäuschende Erfahrungen machen.

Verschlossen sein

Eine weitere Ursache für die fehlende Selbst-Liebe ist, daß sich ein Mensch als Kind, Jugendlicher oder Erwachsener verschlossen hat, weil er

- den Schmerz über die mangelnde Liebe seiner Eltern oder Bezugspersonen nicht spüren wollte,
- glaubte, andere Schmerzen oder Ohnmachtsgefühle nicht aushalten zu können,
- eine Erfahrung nicht spüren wollte, zum Beispiel mißbraucht zu werden – sei es körperlich oder psychisch,
- Dingen oder Menschen aus dem Weg gehen wollte,
- seine eigenen Probleme, Unfähigkeiten oder Schwächen oder bestimmte Teile seines Schattens nicht sehen wollte,
- bestimmte psychische Fähigkeiten wie beispielsweise das Loslassen – bei Trennung oder Tod – nicht erlernen wollte.

Diese Haltung verfestigt sich meist beim Erwachsenen und versteift sich zu einer Haltung des Nicht-sehen-Wollens, vor allem von Dingen, die das eigene Sein betreffen. Als »Ausgleich« baut sich der Mensch ein festes Bild von sich auf, das niemand »angreifen« und in Frage stellen darf. Die Folge davon ist, daß sich der Betreffende immer weniger sieht und dadurch auch nicht lieben kann.

Nicht okay sein

Eine weitere Ursache für die fehlende Selbst-Liebe ist darin zu suchen, daß wir schon als Kinder lernen mußten, daß nicht alles an uns in Ordnung ist oder daß wir in bestimmten Situationen nicht okay sind.
Wenn wir etwas taten, fühlten oder uns so verhielten, wie es unserer inneren Wahrheit entsprach, unserer Umwelt dies jedoch aufgrund von Werturteilen nicht gefiel oder sie dadurch Probleme bekam, wurde entweder unser Ausdruck

oder unsere ganze Person als »schlecht« und nicht okay bezeichnet. Um den Bewertungen der anderen Menschen vorzubeugen, begannen wir, uns selber zu beurteilen oder auch zu verurteilen und uns in die Richtung anzupassen, die das Gefühl, nicht okay zu sein, nicht mehr hervorrufen würde.

Der eigene Schatten

Indem ein Kind etwas Bestimmtes sein will, nämlich in den Augen der anderen okay, muß es zwangsläufig alles weglassen, was nicht als »gut« bewertet wird. Es wird beginnen, sich zu verleugnen und zu unterdrücken, es wird Gefühle, Gedanken, Sicht- und Verhaltensweisen leugnen, innere Zustände verdrängen und ausblenden oder nicht wahrhaben wollen.

Dadurch entwickeln sich im einzelnen dunkle Punkte, die sich mit der Zeit zu einem Schatten ausweiten. In diesem Schatten soll dann alles verborgen bleiben, was der Mensch sich selbst und anderen gegenüber nicht zeigen will. Diese Teile will derjenige auch nicht an sich lieben.

Da man sich jedoch nur als ein Ganzes lieben kann, da die Liebe nichts Trennendes, Aufteilendes kennt, steht dieser Schatten der Selbst-Liebe stark im Wege.

Hinzu kommt noch, daß ein Mensch, der sich nicht zeigt oder sich nicht traut, sich zu zeigen, häufig wenig Achtung vor sich selber hat.

Sich nicht annehmen

Die Folge davon ist, daß ein Mensch lernt, sich in vielen Punkten *nicht* anzunehmen. Dies wird verstärkt durch seine eigenen Wertungen (die er brav von anderen gelernt hat), die in ihm so schlimme Gefühle auslösen, daß er sich auf jeden Fall *nicht* anschauen kann. Das kann dazu führen, daß sich jemand ständig schlecht macht oder sich in vielen Punkten ablehnt.

Sich nicht anzunehmen kann natürlich auch ein Trick sein, um die anderen Menschen abzuhalten, auf mich zu reagieren. Es kann aber auch ein Alibi sein, daß ich mich nicht anschauen »kann« oder daß ich mich nicht liebe, oder eine Ausrede, um nicht lernen zu müssen.

Nicht lernen wollen

Nicht lernen wollen ist auch eine häufige Ursache für die mangelnde Selbst-Liebe. Denn wenn man vom Leben nicht lernt oder sich dem Lernen ständig widersetzt, ist man immer ein Stück enttäuscht von sich, gelangweilt und ziellos und dadurch nimmt man sich auch nicht wirklich an. Auch hier wieder die Folge: Man liebt sich nicht.

Egoistisch sein

Ein Egoist ist nicht darauf ausgerichtet, sich zu sehen. Er sieht sich daher eher als ein perfektes Wesen. Um so vor sich und den anderen Menschen gut dazustehen, muß er natürlich viel verdrängen, vertuschen, ausblenden etc. Außerdem unterliegt er leicht der Täuschung, sich selbst zu lieben, weil er sich ständig um sich selber dreht.

Da der Egoismus die Entwicklung eines Menschen verhindert, kann sich der Mensch nicht zur Selbst-Liebe hinentwickeln.

Sich nicht sehen wollen

Eine der wichtigsten Ursachen, warum Menschen sich nicht selbst lieben, ist, daß sie sich nicht in allem, was sie ausmacht, sehen beziehungsweise sehen wollen. Das kommt daher, daß wir als Kinder nicht mit liebenden Augen gesehen worden sind und dadurch nicht gelernt haben, unseren Blick auf uns zu richten und uns in allem, was wir oder andere bei uns sehen, okay und liebenswert zu finden. Denn nur liebende Eltern spiegeln ihre Kinder, indem sie sie in allem sehen und auf sie reagieren, ohne sie mit »gut« und »schlecht« zu bewerten, abzuqualifizieren oder sie nicht okay zu finden. Gleichzeitig bleiben sie ihren Kindern zugewandt, auch wenn sie sich ärgern oder wenn sie gekränkt sind. In diesem Klima lernt sich ein Kind sehen und lieben.

Die nicht-liebenden Eltern sehen bei Kindern nur, was ihnen gefällt und was nicht. Sie arbeiten mit dem Erziehungsmittel, ihre Kinder dann nicht okay und liebenswert zu finden, wenn sie gerade so sind, wie sie sie nicht haben wollen, zum Beispiel laut, aggressiv oder launisch. Häufig entziehen sie ihnen gleichzeitig auch ihre Zuwendung.

Dadurch kann sich bei dem Kind jedoch das Grundgefühl, okay und liebenswert zu sein, egal, wie es ist, nicht entwickeln. Es glaubt vielmehr, daß es nur dann okay ist, wenn es den Vorstellungen der anderen entspricht. Alles andere darf ein Kind nicht zeigen, manchmal sogar nicht einmal in sich wahrnehmen, wenn es beispielsweise eifersüchtig ist, wenn es sich okay fühlen will. Auf diese Weise lernt es *nicht*, sich in allem zu leben und zu sehen. Gleichzeitig entwickelt das Kind ein Bild (Ego) von sich, das den Werten seiner Umwelt entspricht, und handelt danach. Um das zu schaffen, beginnt sich das Kind zu kontrollieren, indem es nur noch das zeigt, was in dieses Bild hineinpaßt. Dieses Bild verfestigt sich mit der Zeit und macht es dem Erwachsenen dann so schwer, andere Sichtweisen über sich zuzulassen.

Wenn einem Menschen aufgrund seiner Erziehung der Boden fehlt, daß er in jeder Situation okay und liebenswert ist, wird es ihm sehr schwerfallen, sich in allem, was er ist, zu *sehen*. Er wird daher eher wegschauen, sich verschließen, andere ablehnen, die bei ihm etwas »Unerwünschtes« sehen oder das, was es zu sehen gilt, abstreiten, verleugnen und vor sich selbst verdrängen. Dadurch sieht er sich jedoch immer weniger und entzieht sich letztlich die Grundlage, sich zu lieben.

*Du kannst in deinem Leben
die Hauptrolle
oder eine Nebenrolle spielen –
ganz wie du magst.*

2
Was steht der Selbst-Liebe alles im Wege?

Im Grunde genommen steht der Selbst-Liebe *alles* im Wege, was einen Menschen davon abhält, sich selbst zu sehen, oder was seinen Ausdruck in irgendeiner Weise beschränkt oder beschneidet ... oder was ihn von außen oder durch sich selbst dazu bringt, sich zu verstecken, zu verstellen oder seinen Ausdruck zu unterdrücken, sei es durch bestimmte Verhaltensregeln oder Verhaltensweisen. Dazu zählen auch die Rollen und Programme, die das Nicht-Hinschauen begünstigen. Auch in der Art, wie man mit sich selbst umgeht, kann man der Liebe zu sich selbst im Wege stehen.

Denn wie kann man etwas lieben, was man nicht oder kaum sieht? Und wie kann man etwas sehen, was nicht ans Licht kommen darf? Das heißt: Man kann nur das von sich sehen, was man auch wahrnehmen und herzeigen darf oder von dessen Existenz man zumindest weiß, also etwas, das man gerade fühlt, sich denkt oder an seinem Körper wahrnimmt. Die Selbst-Liebe ist daher eng verknüpft mit der Lebendigkeit eines Menschen. Je lebendiger ein Mensch ist – und damit meine ich nicht das Lebendig-Spielen –, desto wahrscheinlicher ist, daß sich dieser Mensch auch liebt.

Verhaltensweisen

Jedes Verhalten, das darauf abzielt, sich nicht zu sehen, das heißt sich nicht über sich selbst bewußt zu werden oder sich Dinge nicht bewußt zu machen wie

abwehren,
abstreiten,
überspielen,
schauspielern,
sämtliche Manipulationen, die andere davon abhalten
    sollen, uns zu sehen,

und alle Verhaltensweisen, die in Richtung verschließen gehen,

hart machen,
nicht fühlen wollen,
sich nicht zeigen wollen,
recht haben wollen,
kämpfen,
nur auf sich bezogen sein,
materialistisch sein,
egoistisch sein,

führen immer weiter weg von der Selbst-Liebe.

Rollen

Jede Rolle, die Verantwortungslosigkeit in sich beinhaltet, steht der Selbst-Liebe ebenso im Wege. Die Verantwortungslosigkeit für das eigene Verhalten hat zur Folge, daß sich derjenige nicht wirklich sieht.
Um diese innere Lüge vor sich selbst aufrechtzuerhalten, muß er sich zum Teil blind machen, was dazu führt, daß er sich selbst und anderen gegenüber ein Stück verschlossen ist. Das geht natürlich auch auf Kosten seiner inneren Klarheit und seiner Lebendigkeit. Denn würde er sich in seiner Rolle wirklich sehen und die Zusammenhänge oder die eigene Verantwortlichkeit bewußt machen, könnte er seine Rolle vor sich selbst nicht verantworten, oder er würde allein durch das Sehen = Bewußtmachen zu einer anderen Haltung kommen.

Es gibt die unterschiedlichsten Rollen, die von der eigenen Verantwortung abrücken. Dies sind zum Beispiel folgende

Opferrollen: Versager,
　　　　　　　Benachteiligter,
　　　　　　　Leidender,
　　　　　　　Zurückgesetzter,
　　　　　　　Kind,
　　　　　　　Kranker,
　　　　　　　Schwächling,
　　　　　　　Dummkopf.

Diese Opferrollen lassen sich daran erkennen, daß der Betreffende niemals etwas mit dem, was er erlebt, zu tun hat, sondern immer die Gründe außerhalb von sich sucht: Wenn er keinen Partner findet, liegt die Ursache nicht etwa *in* seiner Person, sondern »weil es keine guten Partner mehr gibt« oder niemand ihn will. Immer ist etwas außerhalb von ihm »schuld«, daß es ihm so oder so geht.
Seine beste Entschuldigung heißt: »Ich kann nicht ...«
Er ist schnell bereit, jemanden zu verfolgen: »Du hast mich nicht genügend beachtet, und deswegen bin ich so aggressiv« usw.
Wäre er in seiner Verantwortung, müßte er sich fragen, was ist (das) *in* mir, daß ich keine Partner anziehe oder sogar abstoße. Dann würde er sehr schnell seine eigene Wahrheit entdecken und könnte an dieser Wahrheit wachsen.
Ein anderes Beispiel: Nehmen wir einmal an, jemand ist in die Opferrolle »Kranker« geschlüpft. Daß es eine Rolle ist, kann man daran erkennen, daß jemand trotz seiner »Krankheit« weder forscht, was ihn in seinem Leben krank gemacht hat – und was die Krankheit mit ihm zu tun hat –, noch sich wirklich darum kümmert, gesund zu werden. Das einzige, was er tut, er leidet und beklagt sich über sein »Schicksal«.
Die Kehrseite dieser Opferrollen sind die

Machtrollen: Tyrann,
Erpresser,
Verweigerer,
Egoist (kann sein – muß nicht).

Die »Machtbolzen« überspielen ihr inneres Problem, daß sie sich schwach fühlen und sich nur schwer durchsetzen können, indem sie ihre Macht einsetzen, sei es in Form von Ablehnungen (Neins), körperlicher oder psychischer Gewalt, Abhängigmachen durch Geld, Arbeit oder Wohlwollen.
Sie übernehmen keine Verantwortung für ihre Lieblosigkeit und für die Auswirkungen ihres Tuns; was sie anderen Menschen antun, ist ihnen gleichgültig.
Wenn ein Tyrann beispielsweise sehen würde, daß er sich nur mit Gewalt durchsetzen kann, und gleichzeitig sehen könnte, wie er sich selber und anderen damit schadet, könnte er sicher nicht mehr sein Tun und Verhalten vor sich selber rechtfertigen. Er muß also weiterhin wegschauen, wenn er diese Rolle nicht aufgeben will.
Andere Rollen wie

nichts wollen,
gleichgültig sein,

beinhalten auch die Verantwortungslosigkeit. Dadurch müssen andere einspringen, um ihn zum Wollen zu bringen oder sogar seinen Willen zu ersetzen. Bei »gleichgültig« ist es ähnlich: Der, dem nicht alles gleichgültig ist, macht die Arbeit, rettet die Beziehung usw.
Der, der nichts will oder gleichgültig ist, muß kein Risiko eingehen und damit auch keine Verantwortung, etwas falsch zu machen oder unangenehme Reaktionen zu bekommen.
Vielen Menschen, die nicht Verantwortung übernehmen wollen und dadurch eine für sie passende Rolle übernehmen, erfahren meist Verantwortung als etwas Bedrückendes und Belastendes. Es macht ihnen angst, sich mit dem zu konfron-

tieren, was sie noch nicht können oder was ihnen (oder anderen) an sich nicht gefällt.
Diese Rollen dienen dazu, dem »Unangenehmen« auszuweichen. Die Folge davon: Der jeweilige Mensch bleibt unbewußt und steht sich so seinem inneren Lernen und der Liebe zu sich selbst im Wege.

Programme

Alle gesellschaftlichen, einschränkenden Programme, die darauf abzielen,
daß wir in einer gewissen Art und Weise sein oder uns verhalten müssen,
oder
wie wir *nicht* sein oder uns *nicht* verhalten dürfen,
beschneiden den Menschen in seinem Sein, denn einem Menschen ist oft anders zumute, als er sein sollte oder muß.

Zum Beispiel:

>immer höflich sein *müssen*
>*immer* freundlich sein *müssen*
>*immer* (esoterisch-)liebevoll sein *müssen*
>*immer* sensibel sein *müssen*
>*immer* warm sein *müssen*
>
>oder
>
>*nicht* hart sein dürfen
>*nicht* aggressiv sein dürfen
>*nicht* unzuverlässig sein dürfen

Wenn ein Mensch bereit ist, sich derartigen Gesellschaftsregeln zu unterwerfen, zeigt er seine mangelnde Liebe zu sich selbst. Ein Mensch, der sich selbst liebt, wäre nie bereit dazu.

Viele geben diese Programme deshalb nicht auf und nehmen sich weiter zurück, weil sie nicht abgelehnt werden oder bei anderen anecken wollen.

Schon früh – als Kind – bekamen sie beigebracht, daß gewisse Teile an ihnen, zum Beispiel bestimmte Gefühle, Gedanken und Verhalten, »schlecht« sind, oder sogar, daß sie »schlecht« sind, wenn sie diese Teile von sich zeigen. Weil sich aber niemand schlecht fühlen will, wird er alles unterlassen, was so aussehen könnte.

Manche Menschen, die besonders dazu neigen, sich anzupassen, verbieten sich so lange diese »unangebrachten«, nicht gewollten und akzeptierten Gefühle wie Wut, Aggression oder andere Teile von sich, bis sie diese gar nicht mehr spüren und auch nicht mehr wahrnehmen. Damit reduziert sich dieser Mensch und wird ein Stück blind für sich selbst und verliert die Verbindung zu seiner inneren Wahrheit.

Der Umgang mit sich selbst

Alles, was du im Umgang mit dir selbst tust,

> um dich nicht wahrzunehmen,
> dich nicht auszuleben,
> um dich nicht auszudrücken,
> um keinen gesunden Körper zu haben, indem du Nahrungsmittel und Getränke zu dir nimmst, die dich dämpfen oder zerstören,
> um deine innere Klarheit zu verhindern, sei es, daß du dir nicht genügend Aufmerksamkeit gibst, oder dich weigerst zu lernen oder dich nicht um dich kümmern willst,
> wenn du dich bemitleidest, statt dir tatkräftig zu helfen,

führt dich immer weiter weg von der Selbst-Liebe.

Denn wenn du dich selbst lieben möchtest, mußt du genau das Gegenteil tun, nämlich all das, was dich weiterbringt, dich gesünder und lebendiger macht.
Das verlangt auch von dir, daß du spezielle Verhaltensmuster aufgibst, zum Beispiel

> dich mit anderen zu vergleichen,
> dich nicht anzuerkennen,
> dich immer wieder schlechtzumachen,
> deinen Gefühlen nicht zu vertrauen,
> deinen Selbstwert abhängig von anderen zu machen,
> dich besser oder schlechter als jemand anderer zu fühlen,
> dir nur Wert zu geben, wenn du etwas geleistet hast.

Aber bevor du das tust, mußt du diese Muster erst einmal bei dir erkennen und auch die Lieblosigkeit dir gegenüber begreifen.
Je deutlicher du die Barrieren erkennst, die dich bisher daran gehindert haben, dich selbst zu lieben, desto eher kannst du dich dir selber zuwenden. Und das ist auf alle Fälle nötig, denn wer sollte sich sonst um dich kümmern?

*Es ist keine Schande,
nicht geliebt worden zu sein.*

III
Auswirkungen

1 Welchen Schaden nimmt der einzelne, wenn er sich nicht selbst liebt?

Wenn
    dir das Leben schwerfällt,
    du das Leben nicht genießen kannst,
    du dich eher durchs Leben schleppst oder quälst,
    du hauptsächlich funktionierst,
    du dich hauptsächlich schwach erlebst,
    du wenig Freude im Leben hast,
    du dich hauptsächlich matt, energielos und unlebendig
        erlebst,
    dir wenig gelingt,
    du wenig von dir hältst,
    du dich bei jeder Kleinigkeit kritisierst oder beschimpfst,
    du dich häufig mißachtest,
    du dir keine Wichtigkeit gibst,
    du dir Fehler nicht verzeihst,
    du hart und unbarmherzig mit dir bist oder streng und
        unnachgiebig,
    du wenig auf dein Inneres achtest,
    du voller Ängste bist,
    du dich nicht zeigst und dich niemand in allem,
        was du bist, sehen darf,
    du aus deinen Fehlern nicht lernen willst,

du keine Ziele in deinem Leben hast,
du Menschen mit Mißtrauen begegnest,
du es nicht schaffst, mit Menschen in Kontakt zu kommen,
du keine Freunde findest,
dir Nähe angst macht,
du keine Fortschritte in deinem Leben erkennst,
sich kein Glück in deinem Leben einstellt etc.,

dann hast du höchstwahrscheinlich bisher weder wenig bis keine Liebe in deinem Leben erfahren, noch liebst du dich selbst. Das heißt: Du »leidest« jetzt an den Auswirkungen dieses Zustandes.
Es ist daher wichtig für dich zu wissen, wie sich die fehlende Liebe deiner Eltern oder anderer Bezugspersonen auf dich ausgewirkt hat. Diese Auswirkungen zu kennen ist allein deswegen so wichtig, damit du sie dir nicht zum Vorwurf machst, sondern sie eher als Motor benutzt, um an einen anderen Ort zu kommen.
Grundsätzlich entstehen in einem Menschen innere Schäden und Mangelerscheinungen, wenn er von seinen Eltern oder anderen Bezugspersonen nicht oder nur kurzfristig geliebt worden ist. Dadurch ist er in seinem gesamten Sein und in seiner Gesamtenergie geschwächt.
Dieser Zustand verstärkt sich, wenn sich dieser Mensch – als Folge davon – selbst nicht liebt. Denn würde das Kind, der Jugendliche oder auch der Erwachsene sobald wie möglich von einem oder mehreren liebenden Menschen zur Selbst-Liebe angeleitet werden, könnte er die Auswirkungen seiner inneren Schäden erst einmal abschwächen, um sie dann Stück für Stück mit Hilfe dieser Menschen und seiner eigenen Liebe zu heilen. Dadurch würden sein Sein und seine Gesamtenergie bereits während dieses Prozesses eine Kräftigung erfahren.
Da man trotz dieser inneren Schäden lange Zeit gut funktionieren kann und sich die meisten Menschen in den seltensten Fällen offen begegnen, werden diese Schäden der Nicht-Liebe

erst bei näherem Kontakt sicht- und spürbar. Oft braucht es erst das Nicht-mehr-funktionieren-Können, damit ein Mensch oder seine Umgebung begreift, daß dieser Mensch starke innere Probleme hat, die der Heilung bedürfen.
Die Schäden der Nicht-Liebe sind gewaltiger und größer, als es sich die meisten Menschen vorstellen können. Die stärksten Auswirkungen sind in den Haltungen, die ein Mensch sich selbst gegenüber einnimmt, zu finden. Sie verursachen

> ein schwaches oder kein Selbst-Wert-Gefühl,
> eine schwache oder keine Selbst-Achtung,
> eine fehlende Selbst-Sicherheit,
> ein schwaches oder fehlendes Selbst-Vertrauen,
> einen kontrollierten Selbst-Ausdruck,
> die Ablehnung von Selbst-Verantwortung,
> ein schwaches oder fehlendes Selbst-Bewußtsein.

Die inneren Haltungen wie Selbst-Wert, Selbst-Achtung, Selbst-Sicherheit, Selbst-Vertrauen, der Wunsch nach freiem Selbst-Ausdruck, Selbst-Verantwortung und Selbst-Bewußtsein bilden die Grundpfeiler jeder menschlichen Persönlichkeit. Sie sind Kräfte, die dazu dienen, einen Menschen in seinem Selbst zu stärken und ihn in seinem inneren Wachstum zu unterstützen, damit er das Leben meistern und in innerer Freiheit leben kann.
Fehlen diese Haltungen oder sind sie stark geschwächt, fühlt sich ein Mensch meist schwach und oft hilflos. Er schafft es nur schwer, mit seinem Leben zurechtzukommen, er hat Schwierigkeiten, fruchtbare und glückliche Beziehungen zu führen und das Leben zu genießen und glücklich zu sein.
Das kann dazu führen, daß ein Mensch versucht, seiner Realität zu entfliehen, indem er exzessiv ißt, zu Alkohol, Tabletten oder Drogen greift, oder sich in einen Opfer-Zustand oder eine Krankheit flüchtet, sich in einen Zustand der permanenten Schwäche bringt, verrückt wird oder sich sogar umbringt.

Als Folge dieser fehlenden Grundkräfte treten vielfältige und schwerwiegende Problematiken auf wie

> schwacher Wille,
> Verschlossensein,
> übermäßige Ängste/Phobien,
> innere Enge,
> starke Angepaßtheit,
> Unlebendigkeit,
> Abhängigkeit in jede Richtung,
> Destruktivität sich selbst (oder anderen) gegenüber,
> Kontaktschwäche oder Kontaktunfähigkeit,
> schwache Bindungs- und Beziehungsfähigkeit,
> die Verweigerung des inneren Lernens,
> die Verweigerung, sich selbst zu sehen etc.

Ein Großteil der wachsenden Aggressivität und Gewalt unter Menschen wie Mißbrauch von Frauen und Kindern, Gewalt gegen Tiere oder Zerstörung der Natur ist darauf zurückzuführen, daß Menschen, die diese Taten ausführen, nie die Liebe erlebt, noch sie in sich zugelassen haben. Denn nur wenn ein Mensch liebt, ist er in Verbindung mit der Schöpfung und trägt Sorge für sich und sein Umfeld.
Auch die Haltung der Nicht-Liebe ist eine Kraft, doch sie wirkt sich zerstörerisch auf die Menschen und die gesamte Natur, einschließlich der Tiere und Pflanzen, aus.

Wir können diesen zerstörerischen Kräften, die auf der ganzen Welt tätig sind, nur Einhalt gebieten, indem immer mehr Menschen die Kraft der Liebe in sich zulassen, indem sie sich der Liebe als Urkraft öffnen, um sich, die anderen Menschen und die gesamte Natur wieder lieben zu können.
Dadurch, daß viele Menschen weder wissen, daß sie durch die Nicht-Liebe ihrer Eltern Schaden genommen haben, noch daß sie als Folge davon sich selbst und andere nicht lieben, bleibt ein Mensch oft ein Leben lang damit behaftet und macht

sich obendrein noch ständig Vorwürfe, daß er so ist, wie er ist. Erst mit der nötigen Einsicht in die Zusammenhänge kann ein Mensch einen ganz neuen Weg beschreiten, nämlich den, der ihn zur Liebe führt.

Selbst-Wert, Selbst-Achtung, Selbst-Sicherheit, Selbst-Vertrauen, Selbst-Ausdruck, Selbst-Verantwortung, Selbst-Bewußtsein sind die Säulen einer Persönlichkeit. Die Tragfähigkeit dieser Säulen bestimmt darüber, ob ein Mensch seine in ihm angelegte Freiheit des Seins voll leben kann, oder ob er der Gefangene seiner Erziehung und anderer äußerer Einflüsse bleibt.
Das Selbstbewußtsein ist zusätzlich ein Werkzeug der Selbsterkenntnis und dient dem Menschen dazu, daß er sein Leben so gestalten kann, daß es seinen innersten Anlagen, Wünschen und Bedürfnissen entspricht.

Liebt sich ein Mensch selbst nicht, ist mindestens eine dieser Säulen – und damit die ganze Person – geschwächt. Dieser Zustand ist vergleichbar mit dem eines Hauses, das auf einem wackeligen Fundament steht. Es besteht die Gefahr, daß es irgendwann einmal bei starker Belastung zusammenkracht.
Gleichzeitig sind diese Säulen der Persönlichkeit auch Umgangsformen, die man für eine fruchtbare Beziehung zu sich selbst braucht.

*Du hast genauso viel Wert,
wie du dir selber gibst.*

Schwaches oder kein Selbst-Wert-Gefühl

Wenn ein Mensch ein gesundes, stabiles Selbst-Wert-Gefühl besitzt, heißt das, daß er sich dauerhaft okay und liebenswert findet und seinen Wert weder ständig in Frage stellt noch ihn sich immer wieder abspricht, wenn er sich oder anderen in bestimmten Situationen nicht gefällt, wenn er Fehler gemacht oder in seinen Augen versagt hat. Er macht seinen Wert auch nicht abhängig von seinen Leistungen, seinem Aussehen oder der Anerkennung von anderen.

Das heißt: Ein Mensch mit einem gesunden Selbst-Wert hat gelernt, zwischen sich als Ganzem sowie seinem Verhalten und seinen Ausdrucksweisen zu unterscheiden. Er weiß, daß er mehr ist als das, was er zum Ausdruck bringt.

Unser Verhalten und unsere Ausdrucksweisen sollten jedoch unserer eigenen inneren Bewertung unterliegen, damit wir uns in irgendeine Richtung entwickeln können. Dafür muß sich jeder Mensch seine eigenen Werte erarbeiten und auch nach ihnen leben wollen. Habe ich mich zum Beispiel entschlossen, ein liebender Mensch zu werden, ist es wichtig für mich zu wissen, wann ich liebevoll und wann lieblos handle. Nicht um mir das lieblose Verhalten zu verbieten oder es als schlecht einzustufen, sondern um mir darüber bewußt zu sein, wie weit ich von meinem Ziel entfernt bin.

Wir Menschen sind göttliche Wesen, und als solche sind wir immer wertvoll und der Liebe wert. Wir sind einfach wertvoll, weil wir ein Mensch und damit Gottes Werk sind. Niemand kann uns diesen Wert absprechen, nicht einmal wir selbst. Diesen angeborenen Wert muß jeder irgendwann im Laufe seines Lebens entweder durch seine Eltern oder andere Menschen oder durch sich selbst erfahren und ihn notfalls auch verteidigen. Er muß zu einer inneren Haltung sich selbst gegenüber werden:

❖ **Ich bin wert-voll** ❖

Diese innere Haltung kann man jedoch nur dann als Kind erlangen, wenn sich die Eltern in der gleichen Weise dem Kind gegenüber verhalten haben. Leider herrscht in der Kindererziehung immer noch eine andere Haltung vor.

Die meisten von uns wurden so großgezogen, daß unser Wert auf dem Spiel stand, wenn wir uns nicht so verhielten oder ausdrückten, wie es unsere Eltern oder andere Bezugspersonen gewollt haben, oder wenn wir etwas machten, was sie in Probleme brachte oder sie nicht annehmen konnten. Nicht unser Verhalten war in den Augen der Eltern nicht okay, sondern unsere ganze Person – natürlich, weil sie selbst auch so behandelt worden waren.

Dadurch glaubten wir sehr früh, daß andere Menschen – vor allem Menschen, die wir liebhaben – über unseren Wert zu bestimmen haben und machten uns von deren Wertung abhängig. So begannen wir nach Lob und Bestätigung zu suchen, das für uns bedeutete, daß wir okay sind. Mit allen Mitteln versuchten wir Tadel zu vermeiden, denn das hätte für uns bedeutet, daß wir nicht okay, also nicht liebenswert sind. Und wir lernten auf diese Art und Weise zu glauben, daß unser Wert nicht immer gleichbleibend ist, daß er jederzeit weniger werden oder ganz verschwinden kann. Ein verhängnisvoller Glaube!

Wenn du dich von der Bewertung eines anderen Menschen abhängig machst, gibst du ihm Macht über dich. Dadurch wirst du stark manipulierbar. Diese Macht kann der andere in der Weise ausnützen, daß er dich nur dann anerkennt, wenn du tust, was er will, wenn du so bist, wie er dich haben will, oder wenn du ihm keine Probleme bereitest. Dadurch wirst du möglicherweise aber dein Eigenes nicht mehr leben.

Weil nur wenige von uns die Erfahrung machen konnten, daß sie okay und wertvoll sind, auch wenn manche ihrer Eigenschaften oder Verhaltensweisen auf Ablehnung oder Ärger stießen oder Traurigkeit und Enttäuschung auslösten, gibt es nur wenige Menschen, die eine natürliche Sicherheit ausstrahlen, die auf einen stabilen Selbst-Wert hinweist.

Menschen, die nicht vermittelt bekommen haben, daß sie immer okay und wertvoll sind, haben sich daher in ihrer Not entschlossen, eine bestimmte Grundhaltung in bezug auf sich und andere einzunehmen.
Die Transaktionsanalyse hat drei Grundhaltungen herausgearbeitet:

1. Ich bin okay, du bist nicht okay.
2. Ich bin nicht okay, du bist okay.
3. Ich bin nicht okay, du bist auch nicht okay.

Jede dieser Haltungen birgt in sich unterschiedliche Schwierigkeiten:
Die erste Haltung ist wohl die leichteste, aber da sie in sich nicht die Möglichkeit hat, andere Menschen anzuerkennen, wird dieser Mensch in viele Schwierigkeiten mit anderen Menschen kommen und sich höchstwahrscheinlich mit der Zeit von anderen isolieren.
Die zweite Haltung erleichtert möglicherweise den Umgang mit anderen, doch ist es für diese Menschen schwierig, sich mit anderen wirklich wohl zu fühlen, denn da sie sich selbst nicht annehmen, bekommen sie auch nicht die Anerkennung, die sie sich dennoch insgeheim von anderen erhoffen.
Die dritte Haltung beinhaltet kein Vertrauen in sich selbst und in andere. Das führt meist zu vielen destruktiven Situationen und menschlichen Verbindungen – wenn überhaupt welche entstehen.
Viele Menschen wissen nicht, daß sie für ihr Selbst-Wert-Gefühl selber verantwortlich sind und daß sie an seiner Stärkung arbeiten können. Ein Mensch, der bereit ist, sich selbst lieben zu lernen, wird immer mehr seinen Wert erkennen.
Die Haltung, die ein Mensch dann erreichen kann, ist:

❖ Ich bin okay, und du bist auch okay ❖

Wenn wir gelernt haben, daß wir göttliche Wesen sind und demnach immer in jeder Situation wert-voll und liebens-wert sind, können wir das auch an andere Menschen und vor allen Dingen an unsere Kinder weitergeben und viel Leid auf dieser Erde vermeiden helfen.

Schwache oder keine Selbst-Achtung

Ein Mensch hat immer soviel Selbst-Achtung, wie er in seiner Kindheit an Achtung von seinen Eltern oder anderen Bezugspersonen erfahren hat. Oder: Er hat sich diese Haltung selbst oder mit Hilfe anderer erarbeitet.
Hast du als Kind diese Achtung bekommen, bist du bereit, auf allen Ebenen auf dich zu achten, daß du zum Beispiel gesund bleibst oder wirst, daß du nichts machst, was dir schadet, daß du deine Gefühle und Gedanken wichtig nimmst, daß du nach deinen inneren Zielen suchst, daß du deine Probleme löst, daß du um deine geistige Frische und dein Glück bemüht bist, daß du deine körperlichen und seelischen Bedürfnisse und deine Wünsche wichtig nimmst, daß du für deine Entwicklung und dein Wachstum sorgst, daß du all das zum Ausdruck bringst, was dir wichtig ist.
Gleichzeitig heißt es, daß du dich als Person wertschätzt, unabhängig davon, wie du im einzelnen bist, einfach weil du ein Mensch und ein göttliches Wesen bist.
Im Grunde genommen heißt es, daß du in jeder Weise gut auf dich aufpaßt, so daß du das Beste aus deinem Leben machen kannst, und daß du andere nicht wichtiger nimmst als dich.
Dazu gehört auch, daß du dafür sorgst, daß dich auch andere achten. Nicht, indem sie dich schonen und deine gesteckten – oft engen – Grenzen einhalten oder dich unentwegt loben, sondern daß sie dich als Menschen und auch das, was von dir zum Ausdruck kommt, wertschätzen und dich nicht minderwertig behandeln.
Ein Mensch, der sich selbst nicht liebt, gibt sich selten diese Achtung, denn er hat nicht gelernt, sich in allem, was er ist,

*Wenn du bereit bist, dich zu achten,
werden dich auch andere achten.*

wichtig zu nehmen. Er neigt dazu, als Ersatz für die fehlende Selbstachtung egoistisch zu sein und glaubt, wenn er sich nur alle äußeren Wünsche erfüllt, daß er glücklich werden könnte. Die Selbstachtung ist ein wichtiger Faktor im Prozeß der Selbsterkenntnis. Denn wenn du auf dich achtest und dich wertschätzt, kannst du in Ruhe hinschauen, wer du bist. Gleichzeitig kannst du ruhig vertreten, daß du menschenwürdig behandelt werden willst, gleichgültig von wem. Du mußt dich also nicht von deinem Partner bestimmen oder schlagen lassen, nur weil er »sein« verdientes Geld freiwillig mit dir teilt, oder es zulassen, daß dich dein Chef anmacht, nur weil du bei ihm arbeiten »darfst«. Du wirst dich aber auch nicht länger in Situationen aufhalten, die dich auf Dauer kaputt oder krank machen, beispielsweise wirst du eine Arbeit, die dir schadet oder bei der du deine Person leugnen mußt, verweigern.

Fehlende Selbst-Sicherheit

Die Selbst-Sicherheit ist eine innere Haltung, die ein Mensch sich selbst gegenüber einnimmt, wenn er als Kind alles von sich zum Ausdruck bringen durfte, ohne abgewertet zu werden oder das Okay seiner Eltern zu verlieren.
Selbst-Sicherheit und Selbst-Vertrauen hängen ganz eng zusammen, das heißt, wenn du deiner nicht sicher bist, hast du meist auch wenig bis kein Selbst-Vertrauen.
Wenn dir die Selbst-Sicherheit fehlt, bist du unsicher, ob das, was *dich* ausmacht, wie *du* die Welt siehst, was *du* in dieser Welt zum Ausdruck bringen möchtest, zu was *du* Zugang hast, was *dir* viel bedeutet und was *du* als richtig und wichtig erachtest, okay ist und ob und wie du es zum Ausdruck bringen darfst. Dabei machst du dich von der Meinung und der Bestätigung anderer Menschen abhängig: Gefällt ihnen das, was von dir kommt, bist du okay und sicher, wenn nicht, verstärkt es deine Unsicherheit.

*Sicherheit
kannst du nur in dir finden.*

Auf diese Weise wirst du zum Spielball deiner Umwelt. Deine Mitmenschen können dich leicht manipulieren: Indem sie dir schmeicheln, dich loben, dich bestätigen oder dir scheinbare Anerkennung geben, können sie dir leicht ihre Wünsche, Vorstellungen und Ziele so »unterjubeln«, daß du sogar glaubst, es seien deine eigenen.

Aber auch einen anderen zu beherrschen und zu bestimmen, der nicht selbstsicher ist, ist relativ einfach. Es muß nur jemand bestimmt genug auftreten oder so tun, als sei er wichtiger, klüger, wissender oder sicherer, oder er muß genügend sanfte oder rohe Gewalt ausüben, sofort überläßt er ihm die stärkere Rolle, weil er zu unsicher ist, um dem etwas entgegenzusetzen.

Eine andere Form, um mit der fehlenden Selbst-Sicherheit umzugehen, ist, seine eigene Unsicherheit – als Schutz – mit dem Glauben zu überdecken, der Größte, Tollste und Mächtigste zu sein – auf jeden Fall besser als andere – und diese Stellung auch anzustreben. Hierfür eignen sich einige berufliche Rollen besonders gut: Chef, Arzt, Therapeut etc. Diese Menschen schaffen es zwar durch ihre Rolle, ihre unsicheren Gefühle in den Griff zu bekommen, Selbst-Sicherheit vorzutäuschen und gleichzeitig mehr zu wollen und erfolgreicher zu sein, aber sie müssen sich ständig beweisen und dürfen ihre Kontrolle nie aufgeben. Ihre Selbst-Sicherheit steht auf wackligen Beinen. Werden sie einmal kritisiert oder angegriffen oder erleiden sie einen Mißerfolg oder eine Niederlage, kann man sehen, wie ihre künstliche »Selbst-Sicherheit« plötzlich zusammenbricht.

Daher kann ein Mensch ohne eine gesunde Selbst-Sicherheit wenig Kritik an sich heranlassen und sich wenig bis keine Fehler oder Schwächen gestatten.

Es gibt aber auch Menschen, die beides leben: ihre Schwäche und ihre Schein-Stärke. Sie legen sich dann zeitweise einen Schutzschild zu, »machen« sich besser als andere Menschen und stellen das auch unter Beweis.

*Alles, was du dir zutraust,
kannst du erreichen.*

Schwaches oder fehlendes Selbst-Vertrauen

Das Selbst-Vertrauen ist eine Schwester der Selbst-Sicherheit. Auch diese innere Haltung lernt ein Kind sich selbst gegenüber einzunehmen, wenn seine Eltern ihm mit Vertrauen begegnen und ihm vieles zutrauen.

Ein Mensch, der als Kind oder später diese Haltung eingenommen hat, hält etwas von sich und traut sich zu, zu lernen und mit dem Leben und den Menschen umzugehen. Er ist in Kontakt mit sich selbst, nimmt seine Gefühle, Gedanken und Körperempfindungen wahr und vertraut diesen Signalen seiner Person. Er hat sich schon in vielem ausprobiert. Durch seine Erfahrungen mit sich selbst weiß er um seine Stärken und Schwächen und darf beides leben. Er traut sich zu, das zu lernen, was er lernen will. Er hat sich eigene Meinungen erarbeitet und weiß sie zu vertreten. Er traut sich zu, Grenzen zu zeigen und sich zu wehren, falls es notwendig ist. Er traut sich zu, mit seinen Problemen umzugehen und Konflikte mit anderen einzugehen und sie gemeinsam zu lösen. Er traut sich zu, auch schwierige Situationen zu meistern, und Schmerzen, falls sie auftauchen, durchzustehen. Er traut sich zu, mit Menschen Kontakte zu knüpfen und von ihnen gemocht zu werden.

Ein Mensch hingegen, der wenig oder kein Selbst-Vertrauen zu sich selbst – aufgrund der Behandlung seiner Eltern und durch seinen Umgang mit sich selbst – gewonnen hat, hält meistens wenig von sich und nimmt sich auch nicht wichtig. Alle anderen Menschen findet er meist wichtiger und besser als sich selbst und traut ihnen mehr zu. Aber er zweifelt nicht nur an seinen Fähigkeiten, sondern auch an seinen Empfindungen und Meinungen oder traut ihnen nicht. Dadurch verunsichert er sich häufig oder läßt sich leicht von anderen verunsichern.

Die Folge davon ist, daß er immer mehr seine innere Orientierung verläßt und dazu neigt, die Bilder, Wünsche, Vorstellungen und Ziele anderer Menschen zu leben. Da diese meist äußerer Natur sind, ist er somit häufig in Äußerlichkeiten verfangen wie das Erarbeiten von Statussymbolen, Aussehen, Kleidung, Anerkennung von anderen. Da das Erreichen dieser Ziele in den meisten Fällen viel Zeit und Geld kostet, bleibt ihm in der Regel wenig Energie und Zeit für sich selbst, um seine eigenen Ideen, Träume und Vorstellungen herauszufinden und zu verwirklichen. Ganz abgesehen davon, daß er durch die viele Arbeit sein Inneres und seinen Körper vernachlässigt und sich kaum um seine wahren Bedürfnisse kümmern kann.

Ein Mensch, der aufgrund seines mangelnden Selbst-Vertrauens besondere Ängste hat, Fehler zu machen, zu versagen oder bei Fehlleistungen nicht anerkannt zu werden, geht eher in die Passivität. Er probiert wenig Neues aus und meidet die Herausforderungen in seinem Leben und vor allen Dingen das, was er noch nicht kann. Das läßt ihn weder in Kontakt mit seinen Fähigkeiten noch mit seiner Stärke und seiner Lernfähigkeit kommen. Und das führt dann wieder dazu, daß er sich immer weniger zutraut.

Ein Mensch, der diesen Weg geht, glaubt nicht an seine Fähigkeiten, sich gewisse Wissens- und Tätigkeitsbereiche zu erarbeiten und das zu lernen, was ihm wirklich Spaß machen würde. Dadurch gibt er sich schon als Kind, später als Erwachsener, mit weniger Wissen und Können zufrieden und ist dann als Erwachsener nur allzuleicht bereit, Arbeiten auszuführen, die von ihm wenig verlangen (auch wenn sie gefährlich sind) oder die ihm nicht guttun, wie zum Beispiel Arbeiten mit bestimmten Chemikalien oder Ähnliches, für die er aber nichts Besonderes lernen und leisten muß und die ihm relativ bequem erscheinen. Auf diese Weise verkümmern seine Anlagen, besonderen Fähigkeiten und Talente, weil sie aufgrund der fehlenden Lernangebote und Herausforderungen auch nicht entdeckt werden können.

Jemand, der sich wenig zutraut, entwickelt auch keinen Ehrgeiz in irgendeine Richtung, da er sowieso nicht glaubt, daß er etwas erreichen oder bewirken könnte.

Er verfällt auch viel leichter der Bequemlichkeit. So »lebt« er lieber vor dem Fernseher, statt sich selbst Aufgaben und Situationen zu suchen, in denen er sein eigenes Leben gestalten und spüren könnte.

Auch im Umgang mit anderen Menschen wirkt sich das fehlende Selbst-Vertrauen stark aus: Ein Mensch, der wenig oder kein Selbst-Vertrauen hat, traut sich nicht, die Gefühle und Gedanken auszudrücken, die Kritik oder Ablehnung auslösen könnten, denn für ihn würde das bedeuten, daß er nicht gut, nicht okay ist. Wenn ihn jemand ablehnt, bricht seine Welt zusammen. Dadurch ist er immer darauf bedacht, es allen recht zu machen oder nur das zu tun und zu zeigen, was andere von ihm erwarten, um auf keinen Fall bei irgend jemandem Anstoß zu erregen oder nicht anerkannt zu werden. Er geht auf diese Weise zwar vielen Problemen und Konflikten aus dem Weg, aber er wird dadurch auch keine offenen, lebendigen Beziehungen leben können.

Da er anderen Menschen oft mehr zutraut als sich selbst, macht er sich leicht abhängig von ihnen, oder er traut ihnen – wie sich selbst – wenig bis nichts zu, so daß es ihm schwerfällt, sich anderen Menschen anzuvertrauen.

Eine traurige Geschichte, die da beginnt, wo ein Kind von seinen Eltern nicht geliebt wird und nicht das Gefühl vermittelt bekommen hat, wichtig und richtig zu sein und sich als Folge davon selbst nicht liebt.

Damit ein Kind die Haltung des Selbst-Vertrauens entwickelt, braucht es die Erfahrung, daß seine Lebensäußerungen wichtig sind und gehört werden. Es braucht das Gefühl, angenommen zu sein, unabhängig davon, wie es sich zeigt, es braucht den Freiraum, sich ausprobieren zu dürfen, wobei es Fehler machen und versagen darf. Das Kind braucht das Zutrauen der Eltern, daß es alles lernen kann, wozu es Spaß hat, und daß es sich lohnt, etwas zu lernen. Die Eltern müssen ihm dabei vermitteln, daß manche Sachen leichter und manche schwerer zu erlernen sind, daß das Kind mal weniger, mal mehr Einsatz bringen muß. Dazu müssen sie ihm den Umgang mit der Angst beibringen, damit sich das Kind nicht von jeder Angst abhalten läßt. Es muß wissen, daß es seinen Mut vergrößern kann, indem es sich seinen Ängsten stellt und auch mal etwas Schwieriges und Unbekanntes macht oder etwas zum Ausdruck bringt, was möglicherweise auf Kritik und Ablehnung stößt. Dazu braucht das Kind immer wieder die Unterstützung seiner Eltern. Das können natürlich Eltern nicht leisten, die selber vor jeder Angst Halt machen oder ständig um ihr Kind Angst haben oder es vor jeder angsterregenden Situation schützen wollen.

Je mehr ein Kind lernt, sich spontan und frei auszudrücken und dabei unabhängig von der Meinung anderer zu bleiben, desto mehr Selbst-Vertrauen wird sich auf eine gesunde Weise in dem Kind entwickeln.

Wichtig ist dabei, dem Kind beizubringen, daß es sich selbst und nicht anderen gefallen will.

Bekommt ein Kind diese Hilfestellungen, wird es als Erwachsener ein gesundes Selbst-Vertrauen besitzen und ausstrahlen. Aber welche Eltern können ihren Kindern diesen Umgang, diese Unterstützung geben? Die Regel ist, daß sich Eltern meist besser und schlauer vorkommen als ihre Kinder und auch deren Meinungen und Gefühle nicht besonders ernst und wichtig nehmen. Gleichzeitig lernt ein Kind selten, sich an seinem Inneren zu orientieren und den Kontakt zu sich selbst zu suchen. Hinzu kommt, daß sich die meisten Kinder wenig ausprobieren dürfen, entweder weil es den Eltern angst macht, sie nichts davon halten, sie dadurch in Probleme geraten würden, oder weil sie ihren Kindern nicht zutrauen, das für sie Richtige zu tun. Außerdem können viele Eltern nicht zulassen, daß ihre Kinder über sie hinauswachsen.

Möglich ist aber auch, daß Eltern zu große Leistungen oder eine Perfektion von ihren Kindern verlangen, die diese überfordern. Auf diese Weise traut sich das Kind immer weniger zu und ist bei den kleinsten Schwierigkeiten verunsichert. Das gleiche geschieht, wenn die Eltern immerfort an ihren

Kindern herumnörgeln oder sie bei den kleinsten Fehlern »herunterputzen«.
So wird aus dem Kind ein Erwachsener, der in der gleichen Weise mit sich selbst umgeht, wie seine Eltern mit ihm umgegangen sind, und er wird es wahrscheinlich noch nicht einmal bemerken.
Es gibt viele Wege, um sich über das fehlende Selbst-Vertrauen hinwegzutäuschen, doch nur indem man die Schädigung sieht und sich eingesteht, kann man sie überwinden.
Mit steigendem Bewußtsein wird sich ein Mensch mehr zutrauen, er wird mehr Neugier und Interessen entwickeln, was ihm mehr und mehr das Gefühl gibt, daß er sehr wohl kann, wenn er will.

Fehlender Selbst-Ausdruck

Als kleines Kind hatte fast jeder von uns noch einen ganz natürlichen Selbst-Ausdruck: Wir weinten, wenn uns zum Weinen zumute war, wir plapperten, wenn wir was zu sagen hatten, wir schrien, wenn uns etwas nicht paßte oder weh tat, wir stürzten in die Arme unserer Eltern, wenn wir uns fürchteten oder sie gerade ganz liebhatten, wir tanzten und sangen nach Herzenslust.
Und so wären wir natürlich geblieben ...
Doch – konfrontiert mit der Nicht-Liebe – erfuhren wir sehr bald, daß manche Äußerungen nicht lieb sind, daß unser Verhalten böse ist, daß wir zu laut oder zu schrill sind, daß manche unserer Äußerungen schlecht sind. Wir durften nicht wütend oder eifersüchtig sein, unsere Angst wurde uns ausgeredet: »Da braucht man doch keine Angst haben«, unsere Wärme und Großzügigkeit wurde übersehen. Oder wir merkten, daß sich niemand für das interessierte, was wir fühlten oder zu sagen hatten.
Gleichzeitig erfuhren wir, daß es schlimm ist, in anderen etwas auszulösen, sie in Schwierigkeiten oder Probleme zu

bringen: Papa wendete sich ab, Mama war böse mit mir und hatte mich nicht mehr lieb, wir bekamen Strafen und Schläge. Oder wir erfuhren, wie weh es tut, sich zu zeigen und keinen Widerhall zu bekommen.

Viele Kinder entschließen sich daraufhin, nicht mehr alles zu zeigen, denn sie wollen weder schlecht sein noch die Zuneigung ihrer Eltern verlieren. Und dazu gehört, daß sie manchmal sogar Verschiedenes nicht denken und fühlen dürfen. Außerdem lernt ein Kind, daß es wichtig ist, zu gefallen. Und so beginnt ein Anpassungsprozeß, der mit einem eingeschränkten oder fehlenden Selbst-Ausdruck endet.

Es gibt unterschiedliche Arten, wie ein Kind mit den direkten und indirekten Botschaften seiner Eltern, so zu sein, wie sie es haben wollen, umgeht: Manche Kinder verschließen sich und zeigen nur noch das Nötigste, manche Kinder ziehen sich in sich zurück und flüchten in eine Traumwelt, manche resignieren und haben bald nichts mehr nach außen zu bringen, manche dämpfen sich, so daß ihre heitere Seite verlorengeht, manche machen sich kalt und gleichgültig und verlieren mehr und mehr die Impulse, sich zu zeigen und zu reagieren, manche schränken ihren Selbst-Ausdruck so ein, daß sie nur noch das zum Ausdruck bringen, von dem sie sicher wissen, daß es ankommt oder zumindest nicht aneckt oder Anstoß erregt. Manche Kinder nehmen sogar ihren Körperausdruck zurück und werden steif.

Jedes Kind trifft andere, oft sehr tiefgreifende Entschlüsse, wie es künftig mit der Welt umgehen will, die soweit gehen können, daß es ganz apathisch wird. Gleichzeitig kopieren wir natürlich unsere Eltern und drücken selten mehr aus als sie.

Der Selbst-Ausdruck ist bei manchen Menschen auch deswegen eingeschränkt, weil sie ihre Wahrheit nicht kennen oder nicht gelernt haben, sich zu äußern und sich mitzuteilen.

Und so gibt es nur wenige Menschen, die frei das zum Ausdruck bringen, was sie bewegt oder berührt, sei es, was sie fühlen, denken, oder welche anderen Impulse aus ihnen heraus wollen usw. Andere verlieren an Lebendigkeit, was die meisten nicht einmal stört, weil sie nichts anderes kennen.

Fehlende Selbst-Verantwortung

Die Selbst-Verantwortung umfaßt mehrere Ebenen:
Zum einen ist es die Bereitschaft, daß du für dich selbst, das heißt für dein Wohlergehen, dein Glück, deine Gesundheit, deine Weiterentwicklung Verantwortung übernimmst und dich dabei sowohl um dein Inneres – wie du dich fühlst, was du denkst, was du brauchst oder dir wünschst usw. –, als auch um dein Äußeres – wie du aussiehst, wie du dich bewegst, wie du lebst, wohnst und arbeitest – kümmerst.
Zum anderen ist es die Bereitschaft, jederzeit zu deiner Wahrheit zu stehen, zu dem, was du denkst, fühlst, tust, ohne es zu vertuschen, zu verstecken oder zu verschleiern und ohne dich dafür schuldig zu fühlen, sondern im Wissen, daß du so sein darfst.
Dazu gehört gleichzeitig, daß du dich als Autor deines Lebens siehst und erkennst, daß alles, was in deinem Leben passiert, mit dir zu tun hat. Denn sobald du dich als Opfer deiner Umstände, deiner Geschichte oder deiner Psyche siehst, bist du nicht in deiner vollen Selbst-Verantwortung.

Es gibt viele Ursachen, warum Menschen diese Selbst-Verantwortung nicht oder nur teilweise übernehmen. Eine der Ursachen ist möglicherweise bei dir, daß du dadurch, daß du nicht geliebt worden bist, aus einem Nachholbedarf heraus immer noch mit der unterschwelligen Forderung und Erwartungshaltung lebst, daß sich jemand so um dich kümmern soll, wie du es gebraucht hättest und dich daher unbewußt weigerst, für dich zu sorgen. Diese Verweigerung würde es dir schwermachen, die Verantwortung auch auf den anderen Ebenen zu übernehmen.

Vielleicht haben aber auch deine Eltern nicht für ihr Wohlergehen gesorgt, und du konntest es nicht von ihnen lernen. Eine weitere Möglichkeit ist, daß du nicht gelernt hast, Schuld und Selbst-Verantwortung zu unterscheiden, weil deine Familie diese Begriffe vermischt hat: Deine Eltern haben dich nicht einfach gesehen und gespiegelt, wodurch du Selbst-Verantwortung hättest üben können, sondern haben dir statt dessen ständig Schuldgefühle vermittelt, weil du so oder so warst. Diese Erfahrungen haben dich dazu gebracht, lieber keine Selbst-Verantwortung zu übernehmen, da du es mit Schuldigsein verbindest. Und so bist du wahrscheinlich jemand, der nie etwas gewesen ist und der furchtbar aufpaßt, daß ihm niemand etwas »anhängt«.

Oder aber deine Eltern haben es vermieden, dich zur Selbst-Verantwortung und Selbständigkeit zu erziehen, weil sie eher daran interessiert waren, Einfluß über dich zu behalten.

Eine andere Ursache könnte sein, daß du ständig stark bewertet und beurteilt worden bist und diese Werte verinnerlicht hast, so daß du jetzt auf keinen Fall »schlecht« oder »negativ« sein willst und daher auch nicht die Selbst-Verantwortung für diese »schlechten« Anteile (die du ja trotzdem hast, wenn auch versteckt = Schatten) übernehmen willst. Oder du hast dich entschieden, dich überhaupt nicht mehr wahrnehmen zu wollen, aus Angst, dann »schlecht« zu sein oder »schlecht« dazustehen.

Ohne dein Hinschauen kannst du die Selbst-Verantwortung gar nicht übernehmen – und umgekehrt: Nur wenn du die Selbst-Verantwortung für dich übernimmst, kannst du hinschauen.

Auch dein Egoismus schmälert deine Selbst-Verantwortung, weil dein Blick ja gar nicht dahin geht, wer du eigentlich bist, sondern eher dahin, wie dir deine Umwelt dienlich sein kann, nach dem Motto: »Wo kriege ich was?«

Die volle Selbst-Verantwortung hast du erst dann für dich, wenn du bereit bist, zu deiner Wahrheit zu stehen – unabhängig davon, wie sie aussieht – und wenn du erkennst, daß du allein dein Leben gestaltest.

Dahin zu kommen kostet dich sicherlich eine Menge Mut und Aufrichtigkeit – aber es bringt dich zu *dir*.

Schwaches oder fehlendes Selbst-Bewußtsein

Ein gesundes Selbst-Bewußtsein ist keine Rolle, in der man sich stark und unantastbar gibt, sondern das Ergebnis eines längeren Entwicklungsprozesses, den man Selbst-Erfahrung nennt.

Dieser Selbsterfahrungsprozeß beinhaltet, daß sich ein Mensch ab einem bestimmten Zeitpunkt seines Lebens aufgrund seiner Neugier, seines Wissensdrangs oder aufgrund von inneren oder äußeren Schwierigkeiten entschlossen hat, sich bewußt wahrzunehmen, zu betrachten und zu erkennen. Indem er sein Bewußtsein immer wieder neu auf irgend etwas von sich richtet, was er an sich erkennen möchte, erwirbt er sich mit der Zeit eine immer größere Fähigkeit zur Selbst-Bewußtheit. Diese Fähigkeit muß man ständig üben, da man sie auch wieder verlernen kann.

Meistens braucht man für diesen Selbsterfahrungsprozeß Hilfe, da man erst lernen muß, sich ehrlich ins Gesicht zu blicken und zu sich zu stehen, besonders dann, wenn Probleme und Schwächen von einem sichtbar werden.

Am leichtesten erwirbt man die Fähigkeit zur Selbst-Bewußtheit mit Hilfe eines Therapeuten oder eines geistigen Lehrers – vorausgesetzt, er hat sich schon »sein« Selbst-Bewußtsein erarbeitet und wendet es auch auf sich an – oder in Wachs-

*Selbstbewußtsein
ist keine Rolle.*

tumsgruppen, in denen Offenheit und Ehrlichkeit die Basis des Zusammenseins sind. Es ist aber auch mit Hilfe eines Partners oder mit Freunden möglich, soweit alle Beteiligten anstreben, sich gegenseitig nichts vorzumachen und sich wirklich zu erkennen. Schwieriger ist dieser Prozeß mit dir allein, da man ja nicht alles an sich selbst sieht und weil es viel Ehrlichkeit sich selbst gegenüber voraussetzt.

Der größte Lehrmeister ist jedoch das Leben selbst: Wenn wir darauf achten, was es uns persönlich zu sagen hat, können wir sehr viel über uns erfahren und erkennen.

Je mehr ein Mensch sein Bewußtsein dauerhaft auf sich lenkt, desto mehr Selbst-Bewußtsein erarbeitet er sich. Er gewinnt zusätzlich mehr Selbstvertrauen in seine Person und fühlt sich immer sicherer mit sich selbst. Was besonders dann sicht- und überprüfbar wird, wenn er Kritik bekommt. Er muß Kritik nicht abwehren, dagegen ankämpfen oder sich rechtfertigen, sondern kann zuhören und die Botschaft der Kritik bei sich überprüfen. Kann er das sehen, was ihm gesagt wurde, wird er es ehrlich zugeben, wenn nicht, wird er es freundlich zurückweisen.

Die Weichen für diesen Entwicklungsprozeß müßten schon bei kleinen Kindern gestellt werden, denn es ist als Erwachsener sehr viel schwieriger, sich sehen zu lernen.

Dazu bräuchte ein Kind Eltern (oder einen Elternteil), die in der Lage sind, ihr Kind mit liebenden Augen zu sehen, und zwar in allem, was das Kind ausmacht: in seinen Eigenschaften, Eigenarten, Gefühlen, Verhaltensweisen, Schwächen und Stärken, in seinem Wesen usw. Sie sollten dem Kind auch die Freiheit bieten, daß es so sein darf, auch wenn sie sich im Moment vielleicht gerade über sein Verhalten ärgern. Denn nur im Zustand der Liebe sieht ein Mensch alles und kann alles bestehen lassen, weil die Liebe nichts Trennendes in sich hat. Zu diesem Sehen müßte hinzukommen, daß die Eltern ihrem Kind sprachlich mitteilen, was sie an ihm wahrnehmen, das heißt, daß sie das Kind spiegeln und gleichzeitig auf ihr Kind gefühlsmäßig reagieren, wenn sie derartiges spüren.

Auf diese Weise würde ein Kind schon von Anfang an lernen, sich wahrzunehmen, sich zu beobachten und über sich nachzudenken. Ein Kind könnte demnach schon selbstbewußt sein und könnte sich dadurch viel leichter erfahren und sein Leben in die Richtung lenken, die seinem Innersten entspricht.
Die Wirklichkeit sieht jedoch in den meisten Familien anders aus. Die Kinder müssen den Vorstellungen und Bildern, Idealen oder Normen ihrer Familie oder ihrer Umwelt entsprechen und bekommen immer nur dann Rückmeldungen über sich, wenn sie gerade anders sind als gewünscht oder erwartet, wenn sie nicht gefallen, in den Augen ihrer Eltern nicht okay sind oder schleunigst was verändern sollten, um weiter angenommen oder gemocht zu werden. Die Botschaft ist dabei meistens: »Es ist nicht okay, wie du bist, sei anders, sonst ... mag ich dich nicht mehr, will ich dich nicht mehr, kann ich dich nicht mehr annehmen, lehne ich dich ab, bestrafe ich dich ...«
Auf diese Art und Weise lernt ein Kind nicht, seine Augen auf sich zu richten und sich vorbehaltlos zu sehen und entwickelt dadurch kaum Selbst-Bewußtsein. Das zusätzliche Ergebnis dieser Erziehung zum Anderssein ist, daß sich dieser Mensch häufig verschlossen hat und sich selbst nicht sieht und damit nicht liebt.
Gesehenwerden ist für ihn – aus der Erfahrung als Kind heraus – mit vielen unangenehmen Gefühlen besetzt, und daher versucht er alles, um dem aus dem Weg zu gehen. Viele Menschen zeigen dadurch ihr Inneres nicht mehr, weil sie nicht anecken oder irgendwelche anderen unangenehmen Reaktionen – wie zum Beispiel Ablehnung – auslösen wollen. Alle Schritte, die ein Mensch unternimmt, um sich mehr zu sehen und zu erkennen, bringen ihm mehr Selbst-Bewußtsein, stärken ihn und machen ihn weniger manipulierbar für andere. Den Selbsterfahrungsprozeß, der zu wirklichem Selbst-Bewußtsein führt, kann man nicht stunden- oder tageweise als Hobby betreiben, sondern er muß zu einem Lebensstil werden.

Gestörter Umgang mit der Angst

Angst zu empfinden ist ganz natürlich, denn sie ist ein nützlicher und wichtiger Wegweiser in unserem Leben. Sie zeigt uns
das Neue – all das, was wir noch nicht kennen oder womit wir noch nicht umgehen können,
eine Möglichkeit der Stärkung – immer wenn wir etwas tun, was uns angst macht, gewinnen wir an Stärke,
einen Weg, der uns eine Richtung geben könnte = der Weg der Angst. Er zeigt uns, wie der Weg des Herzens, immer unsere persönlichen Schritte zu einem bestimmten Ziel,
eine Gefahr, die in einer Sache, einem Menschen oder in einer Unternehmung steckt. Die Angst läßt uns die Gefahr erkennen, damit wir Vorsichtsmaßnahmen treffen oder die Flucht ergreifen können.

Jede Angst stellt sich ganz natürlich ein und will von uns wahrgenommen und erkannt werden. Gleichzeitig fordert sie uns auf, uns gerade der Situation zu stellen und mit ihr umzugehen, die uns angst macht, um dadurch Neues zu lernen und unser Bewußtsein zu erweitern. Selbst durch eine Gefahrensituation können wir etwas lernen, und sei es nur, unsere Wahrnehmung zu schulen. Denn unser menschliches System ist auf Wachstum angelegt, und die Angst ist eine Möglichkeit, uns die nötigen Lernangebote auf unserem Weg zu zeigen. Dabei bekommen wir immer soviel Lernaufgaben, wie wir brauchen und verkraften können.
Gehen wir sozusagen in die entsprechende Angst hinein, kommen wir gestärkt und erweitert aus ihr hervor, und unsere Angst ist weg oder wesentlich schwächer als vorher. Ein Zeichen dafür, daß wir die Lektion, die uns das Leben angeboten hat, gelernt haben oder im Begriff sind, es zu tun.
Du kennst das sicherlich aus deiner eigenen Erfahrung: Gehst du mit deiner Angst um, indem du genau das machst, wovor

du Angst hast, ist deine Angst weg oder bedeutend kleiner, und du fühlst dich kräftig. Weichst du hingegen deiner Angst aus, bekommst du mehr Angst vor der entsprechenden Situation und fühlst dich gleichzeitig geschwächt.

Will jemand jedoch seine Ängste gar nicht wahrnehmen oder flieht er ständig vor ihnen, werden sie in der Regel immer größer. Das kann dann soweit führen, daß sie eines Tages Macht über ihn bekommen. Auf diese Weise will ihn sein System zum Lernen »zwingen«.

Die vielen Ängste können sich auch in einer Phobie ein Ventil schaffen. Dabei bekommt jemand nahezu Todesängste, wenn er eine Spinne oder eine Maus entdeckt, oder es ist ihm aufgrund seiner starken Angst nicht möglich, in einen Aufzug oder in die U-Bahn zu steigen. In dieser »Form« muß er vor sich zugeben, daß er Ängste hat. Geht er auch diesen Ängsten nicht auf den Grund und lernt sich darin zu sehen, können sie sich bis hin zur Bewegungsunfähigkeit oder Verrücktheit steigern.

Es ist aber auch möglich, allen Situationen, die angst machen oder machen könnten, aus dem Weg zu gehen. Das führt zu einer starken Unlebendigkeit, die wiederum viele Ängste hervorruft, um den einzelnen wieder zu seiner Lebendigkeit zurückzuführen.

Es hängt also von jedem einzelnen ab, ob er freiwillig oder gezwungenermaßen lernen will. Ebenso, ob er energievoll mit sich umgehen will, indem er sich etwas Unbekanntem oder Angsterregendem stellt, oder energielos, indem er das verdrängt oder ablehnt, was sich ihm zum Lernen anbietet. Der richtige Umgang mit der Angst ist also notwendig, um bestimmte Wachstumsprozesse eingehen zu können.

Die meisten Menschen haben diesen Umgang mit der Angst nicht gelernt, weil ihre Eltern die Angst als Wachstumshilfe und Wegweiser nicht kannten oder weil sie sich selber keine Ängste ein- und zugestehen konnten. Hinzu kommt, daß in unserer Gesellschaft Angst als Schwäche bewertet wird und die Eltern natürlich kein schwaches Kind haben wollen. Die

bekanntesten Sätze von Eltern in diesem Zusammenhang sind: »Da brauchst du doch keine Angst zu haben!« oder: »Wie kannst du davor nur Angst haben?«
Dadurch lernten die meisten von uns als Kind entweder die eigenen Ängste zu unterdrücken oder vor ihnen davonzulaufen, indem wir das vermieden, was uns angst machte, oder wir lernten, unsere Ängste nicht mehr zu zeigen.
Eine andere, ebenfalls problematische Art im Umgang mit Angst ist, sich selber vor jedem und allem angst zu *machen*. Das ist eine Technik, die ein Erwachsener meist als Kind von seinen Eltern gelernt hat, indem sie es ihm vorgelebt haben. Ein Kind, das durch die Nicht-Liebe seiner Eltern sehr geschwächt ist und wenig an sich glaubt, ist dafür besonders anfällig. Diese selbstgemachten Ängste sind jedoch keine Wachstumshilfe, sie wirken ganz im Gegenteil auf Dauer schwächend, machen einen Menschen zusätzlich noch unklar, denn sie verschleiern und verfälschen oft seinen Blick für die Realität. Dadurch werden seine Ängste zu einem Irrgarten, aus dem er nur schwer wieder herausfinden kann und dann gerne zu Alkohol und Tabletten greift, um wenigstens zeitweise diesen Ängsten zu entfliehen.
Ein Mensch, der sich selbst nicht liebt, setzt das Werk seiner Eltern in der gleichen Weise fort: Entweder beachtet er seine Ängste nicht, beschimpft sich, weil er zu »schwach« ist, unterdrückt seine Ängste oder verdrängt sie. Auf diese Weise kann ein Mensch wenig Neues lernen, sein Mut kann sich nicht stärken, er kann sich insgesamt nicht kräftigen und er wird von sich ein schwaches Bild behalten. Zusätzlich werden sich seine Ängste vergrößern, je mehr er ihnen aus dem Weg geht.
Ein Mensch hingegen, der sich selbst liebt, ist offen für alle seine Gefühle, sie sind ihm so wichtig, daß er mit ihnen umgehen will, weil er den Wunsch hat, sich in allem kennenzulernen und zu erweitern.

Störung der Selbst-Regulation

Unser menschliches System reguliert sich von allein, wenn wir den Selbstheilungskräften in uns die Chance geben, für uns zu arbeiten.

Wie der Körper hat auch die Psyche ihren eigenen Selbstheilungsmechanismus. Dieser Regulierungsmechanismus ist dafür da, daß wir uns erweitern und innerlich wachsen können und daß wir auch psychisch gesund bleiben oder wieder werden können. Dabei ist die Richtung unseres Wachstums immer die Liebe, auch wenn uns das nicht bewußt ist. Unsere Selbstheilungskräfte können uns demnach immer wieder auf den richtigen »Kurs« bringen.

Denn alles, was in uns unklar, übermäßig, unterentwickelt, unzugänglich und dunkel ist oder uns eng und verschlossen macht, bringt uns von der Liebe weg und verhindert damit unser inneres Wachstum. Gleichzeitig wirft uns das sowohl aus unserer inneren Harmonie als auch aus der Harmonie mit dem ganzen Universum.

Und alles, was uns mehr in Richtung Liebe bringt, zum Beispiel sich öffnen, mehr geben etc., fördert unseren inneren Wachstumsprozeß. Das Ziel ist dabei, eines Tages im Zustand der Liebe zu sein. Denn in diesem Zustand sind wir mit der Urkraft Liebe – der wir auch unser Sein verdanken – verbunden und können erst dann unser volles Potential, das in uns angelegt ist, zur vollen Entfaltung bringen.

Dieser Selbstheilungs- und Selbstregulationsmechanismus der Psyche arbeitet jedoch nicht wie die Selbstheilungskräfte des Körpers unbewußt. Er tritt nur dann in Aktion, wenn wir unser Bewußtsein, das heißt unser Licht willentlich auf das lenken, was uns von der Liebe abhält oder wegbringt. Dabei muß der Kern des Problems beleuchtet werden, und erst dann, wenn wir das Hauptproblem *sehen*, beginnt der Regulierungsmechanismus für uns zu arbeiten und die Veränderung herbeizuführen, die wir ohne ihn nicht schaffen können. Aus diesem Grund braucht jede angestrebte Veränderung die Einsicht und kann nicht über gute Vorsätze geschafft werden.

Das heißt:

> *A*lles, was wir an uns sehen, erkennen und verstehen wollen, kann sich mit Hilfe unserer Selbstheilungskräfte wie von selbst verwandeln,
> und alles, was wir vermeiden, verdrängen, nicht wahrhaben und worüber wir keine Einsicht bekommen wollen, bleibt unverdaut und unverändert in uns bestehen. Auch falscher Stolz, Hochmut und Einbildung können unsere Wahrnehmung stark blockieren.

Ein Beispiel:
Nehmen wir einfach einmal an, du bist sehr träge. Es stört dich, so zu sein, du empfindest es als ein Problem von dir. Gleichzeitig kannst du dich darin nicht annehmen.
Vielleicht ärgerst du dich immer wieder über deine Trägheit, machst dich innerlich dafür schlecht oder verachtest dich und nimmst dir möglicherweise immer wieder vor, dich zu verändern. Aber genau durch diese Art, mit deinem Problem umzugehen, kannst du es nicht verändern. *Denn alles, was du bei dir nicht annehmen kannst, bleibt dir.*
Denn hinter deiner Trägheit sind eine Geschichte, bestimmte geistige Haltungen oder Gefühle verborgen, die in dein Bewußtsein gerückt werden wollen. Gleichzeitig will auch dein träger Teil von dir angenommen werden. *Denn alles, was du bei dir annimmst, kann sich verändern.*

Was du also brauchst, ist die Bereitschaft, *hinter* dein Problem zu blicken und herauszufinden, was dich so träge gemacht hat und was dich nach wie vor träge sein läßt – obwohl du es ja augenscheinlich nicht sein willst. Es gilt also, in dich zu gehen und nachzudenken und nachzuspüren, was die wirklichen Ursachen für deine Trägheit sind.

Vielleicht findest du nach einiger Zeit heraus, daß du Angst hast, Fehler zu machen und machst daher lieber gar nichts, oder du erkennst, daß du so hohe Ansprüche an dich hast, die du nicht erfüllen kannst, und von daher machst du lieber nichts.

Vielleicht findest du aber auch heraus, daß du sehr bequem bist und jede Art von Anstrengung scheust.

Beim Suchen der Gründe für deine Trägheit solltest du jedoch keine Gründe erraten, sondern die tatsächlichen Ursachen herausfinden. Dabei ist es wichtig, darauf zu achten, was dich davon wirklich berührt, was du tatsächlich bei dir sehen und einsehen kannst. Am besten erkennst du das an deinen Gefühlen, denn eine wirkliche Einsicht ist immer von Gefühlen begleitet.

Dieser Prozeß braucht natürlich Zeit und deine Aufmerksamkeit. Wenn du die wahren »Gründe« deiner Trägheit erkannt hast und die Geschichte, die hinter deinem Problem »Trägheit« steckt, erlöst hast, ist es wichtig, daß du gleichzeitig die Trägheit als einen Teil von dir annimmst und ihm die Berechtigung gibst, einfach da zu sein. Erst jetzt können die Selbstheilungskräfte deiner Psyche in Gang kommen und ihre Arbeit tun.

Irgendwann wirst du auf einmal merken, daß sich deine Trägheit »normalisiert«, daß du mal träge, mal aktiv bist, und du wirst nicht erklären können, wie das gekommen ist. Du bist verändert.

Ein Mensch hingegen, der sich nicht sehen und seinen Problemen nicht auf den Grund gehen will, wird sich kaum oder gar nicht verändern, da seine Selbstheilungskräfte ohne sein

Hinschauen und Annehmen nicht arbeiten können. Dadurch ist er häufig den Eigenschaften, die ihm und seiner Liebe am meisten im Wege stehen und die er möglicherweise sogar am meisten bei sich ablehnt, schutzlos ausgeliefert. Und gerade das frustriert den Menschen, der sich selbst nicht liebt, am häufigsten.

Erst wenn ein Mensch bereit ist, sich zu sehen, sich zu hinterfragen und sich anzunehmen, können seine Selbstheilungskräfte für ihn arbeiten, und er kann zu dem Menschen werden, der er sein möchte und wozu er angelegt ist.

Innere Enge

Die innere Enge ist ein Zustand, in dem sich ein Mensch durch viele innere Verbote und Zwänge in ein inneres Gefängnis begeben hat und dadurch vieles nicht leben darf, zum Beispiel bestimmte Gefühle wie Wut oder Traurigkeit, und sich zu vielem zwingt, etwa zum Höflich- oder Nettsein.

Dieser Zustand ist häufig das Ergebnis eines Erziehungsprozesses, in dem nicht-liebende Eltern oder andere Bezugspersonen, die sehr enge Grenzen hatten, von ihren Kindern mit dem entsprechenden Druck oder bestimmten Manipulationen verlangt haben, so zu werden wie sie selbst. In diesem Erziehungsprozeß bekommt das Kind immer wieder die gleichen Verbote und Verhaltensregeln so lange auferlegt, bis es sie verinnerlicht und sie als seine eigenen Grenzen betrachtet.

Je mehr Grenzen ein Kind verinnerlicht hat, desto enger wird es in sich, und um so mehr begrenzt es sein eigenes Leben.

Ein Beispiel:

Ein Kind darf nie wütend sein. Erst kommt das Verbot durch seine Eltern (oder andere Bezugspersonen), dann beginnt das Kind, sich die Wut selbst zu verbieten. Als Erwachsener glaubt dann dieser Mensch, daß er von sich aus nicht wütend sein will oder nicht sein darf.

Oder:

Erst,
wenn du dein inneres Gefängnis kennst,
kannst du es verlassen.

Ein Kind muß immer höflich sein. Im Laufe der Zeit fängt das Kind an, von sich selbst zu verlangen, immer höflich zu sein. Es verbietet sich alles, was es nicht als höflich erachtet. Auch als Erwachsener glaubt dann dieser Mensch, daß er immer so sein will oder muß.

Da die meisten Menschen nicht wissen, daß fast alle ihre inneren Verbote, Vorschriften, Regeln, Prinzipien und moralischen Grundsätze nicht ihre Produkte, sondern die ihrer Eltern oder anderen Personen aus ihrem persönlichen Umfeld sind, bleiben sie so, wie es ihnen beigebracht worden ist. Aus diesem Grund hinterfragen sie auch nicht ihre eigenen engen Grenzen, stellen sie nicht in Frage und machen sich auch nicht auf den Weg, um sie abzubauen.
Je mehr ein Mensch aufgrund seiner inneren Grenzen nicht sein darf, wie er wirklich empfindet und ist, oder je mehr er sich verstellen muß, um irgendwelchen Normen oder Regeln zu entsprechen, desto größer ist seine innere Enge. Da das Aufrechterhalten dieses Zustandes sehr viel Energie kostet, verliert solch ein Mensch immer mehr Kraft. Das kann so weit gehen, daß sich derjenige zu schwach fühlt, seine Grenzen zu erweitern, wenn sie ihm auffallen.
Menschen mit engen Grenzen stoßen leichter bei anderen an und kommen häufig in Kontakt mit ihrer Enge. Doch da sie meist nicht wollen, daß sie so gesehen werden, weil das auch an eine Grenze von ihnen stößt – nämlich nicht kritisiert werden zu dürfen –, ziehen sie sich noch mehr in sich zurück. Das hat zur Folge, daß sich ihre Grenzen verfestigen und sich an Stellen eingraben, wo sie nicht mehr so offensichtlich sind und damit für eine spätere Bewußtseinsarbeit schwerer zugänglich werden. Hinzu kommt noch, daß ein Mensch, der sich nicht mit sich selbst befaßt, gar nicht weiß, wie man mit Grenzen umgehen und sie erweitern kann.
Meist entwickelt jedoch ein Mensch, der sich selbst nicht liebt, kaum ein Unbehagen gegenüber seiner eigenen Enge, weil er sie schlichtweg nicht wahrnimmt. Erst durch den Wunsch

und die Bereitschaft, sich wahrzunehmen und kennenzulernen, hat ein Mensch die Möglichkeit, diese Enge in sich aufzuspüren, um sie dann – wenn er das will und für wichtig erachtet – eines Tages Schritt für Schritt abzubauen und damit seine Lebendigkeit zu vergrößern.

Ein Mensch, der sich selbst liebt, übernimmt nicht kritiklos von außen gesteckte Grenzen und hält sich auch nicht an sie, wenn er sie nicht versteht, sie für sich nicht akzeptieren kann oder sie sogar ablehnt. Er entwickelt immer wieder neue Maßstäbe, für die er auch eintritt.

Mißachtung der inneren Bedürfnisse

Eine weitere Schädigung ist, daß ein Mensch nicht gelernt hat, auf seine inneren Bedürfnisse zu achten und sie wichtig zu nehmen. Dadurch hat er meist wenig Zugang zu dem, was er wirklich braucht.

Das kann dazu führen, daß er sich überfüttert oder belastet mit Dingen wie Essen, Kleidung, Besitztümern oder anderen Sachen oder sich das ständig vorenthält, was er wirklich bräuchte, wie Körperkontakt, emotionale Zuwendung, Stille, Erholung, geistige Anregung, Lernen etc.

Eine Folge davon ist, daß er dann ausgehungert durch die Welt läuft und dem Materialismus verfällt, der ihm scheinbare Befriedigung verspricht. Gleichzeitig entwickelt er eine Haben-Haltung, die ihn häufig die Wichtigkeit seines Seins vergessen läßt. Er wird ein guter Konsument, der immer mehr arbeiten muß, um all das zu finanzieren, was ihm innere Befriedigung vorgaukelt.

Dieser Kreislauf wird immer stärker, je mehr die Befriedigung ausbleibt.

Mangelnde Kontaktfähigkeit

Wir können zu anderen Menschen nur soviel Kontakt haben, wie wir zu uns selber haben.

Ein Kind, dessen Eltern wenig bis gar keinen Kontakt mit ihrem Inneren und dem ihres Kindes geknüpft haben, hat nicht gelernt, den Kontakt mit sich (und anderen) zu suchen und ihn zu pflegen. Dadurch kennt es sich so wenig, daß es kaum etwas zum Ausdruck bringen kann. Das Kind ist daher eher still und in sich gekehrt und nimmt dadurch auch wenig Kontakt zu anderen Menschen auf.

Dieser Zustand wird verstärkt, wenn das Kind in den wenigen Kontakten mit seinen Eltern so schlechte Erfahrungen gemacht hat, daß es das Vertrauen zu ihnen – und damit zum Rest der Welt – verloren hat, wenn sie sich zum Beispiel über das Kind lustig gemacht haben. Die Folge davon ist, daß das Kind nichts mehr von sich erzählt und auch anderen nicht mehr sagt, was es bemerkt oder wie es sich mit dem anderen fühlt.

Dieses Verhalten behält der Erwachsene bei – außer, er lernt etwas anderes.

Wirklicher Kontakt ist das Ergebnis von persönlichen Mitteilungen, das heißt über die Wahrheit jedes einzelnen, die beide Gesprächspartner im Moment betreffen. Mit einem Menschen, der nichts Persönliches von sich gibt, ist daher auch wirklicher Kontakt nicht möglich.

Außerdem ist Kontakt etwas, was man ständig üben muß. Je weniger jemand übt, desto schwerer erscheint es ihm im Laufe der Zeit, Kontakt aufzunehmen, und um so weniger wird er es wagen.

Im Kontakt erlernt man gewisse Fähigkeiten, die sich sonst nicht entwickeln können oder verkümmern:

mit anderen ehrlich sein,
sich zeigen,
ein Risiko eingehen,
mit den Reaktionen der anderen umgehen
und die daraus möglicherweise resultierenden Konflikte
  lösen.

Und so kommt es, daß ein Mensch mit mangelnder Kontaktfähigkeit immer mehr in die Isolation treibt, die seine Schwierigkeiten noch verstärkt.

2
Welchen Schaden nehmen die Gesellschaft und gesellschaftliche Gruppen, wenn sich die einzelnen Mitglieder nicht selbst lieben?

Auch Gesellschaften und gesellschaftliche Gruppen nehmen Schaden, wenn die einzelnen Mitglieder sich selbst nicht lieben, weil ein Mensch, der sich selbst nicht liebt, nicht in seiner vollen Kraft ist. Innerhalb seiner Gesellschaft ist er eher ein Mitläufer als ein eigenständiges Mitglied, das die Gesellschaft mitgestalten und bewegen will. Tut er dies, fehlen ihm allerdings Liebe und Menschlichkeit. Da er sich und andere nicht liebt, greift ein allgemein liebloses Klima um sich und nimmt mit der Zeit zu.

Aus diesem Klima heraus erwachsen dann der Gesellschaft immer größere Probleme, beispielsweise ansteigende Kriminalität und zunehmende Erkrankungen, die ihr Handeln verlangen, viel Aufmerksamkeit kosten und Geld verschlingen. Diese Mittel und Kräfte fehlen dann in Bereichen, die für die Kindererziehung, die Weiterentwicklung jedes einzelnen, die Erforschung von allem Neuen, was der Menschheit dienen könnte – seien es Heilmittel, Behandlungsmethoden, neue Erkenntnisse –, die Gestaltung und Erhaltung unseres Lebensraumes und für eine menschliche Organisation nötig wären.

Man braucht sich nur die meisten Gesellschaften unserer Erde anzuschauen, um die daraus resultierenden Folgeerscheinungen zu erkennen:

Bei dem einzelnen Menschen:

> zunehmender Egoismus,
> Hinwendung zum Materialismus,
> Vereinsamung,
> immer mehr Menschen kommen mit ihrem Leben nicht mehr zurecht,
> viele Menschen erfahren ihr Leben als sinnlos und leer,
> zunehmende Freudlosigkeit,
> Krankheiten nehmen zu.

Unter den Menschen:

> zunehmende Lieblosigkeit,
> steigende Interesselosigkeit und Gleichgültigkeit,
> ansteigende Rücksichtslosigkeit,
> zunehmende Gewalt und Brutalität,
> zunehmender Haß,
> Mißbrauch von Menschen (Kindern, Frauen usw.),
> fehlende Achtung vor dem Sein eines Menschen.

Innerhalb der Gesellschaft:

> der einzelne Mensch verliert an Wert (Menschen werden nur an ihrer Funktionstüchtigkeit gemessen),
> anwachsende Machtstrukturen,
> steigende Kriminalität,
> Aufspaltung der Gesellschaft in Führungsgruppen und Außenseiter,
> die Orientierung an Werten wie Liebe, Menschlichkeit und Brüderlichkeit geht immer mehr verloren,
> die Gesellschaft achtet nicht auf ihren Lebensraum und geht schlecht mit ihm um, woraus immer größer werdende Umweltprobleme resultieren, die jedoch größtenteils vertuscht werden,
> Unaufrichtigkeit auf allen Ebenen.

Wie wir allein an unserer Gesellschaft sehen können, gewinnt die Nicht-Liebe immer mehr die Oberhand. Das kommt vor allen Dingen daher, daß der einzelne Mensch seine Lieblosigkeit nach außen gibt. Diese fällt dann wieder auf ihn zurück und stachelt ihn zu neuer Lieblosigkeit an. Auf diese Weise verroht der einzelne Mensch und der menschliche Umgang allgemein.

Aufgrund der allgemeinen Lieblosigkeit können sich überhaupt erst Gesellschaftsstrukturen bilden – bis hin zu totalitären Staaten –, die an Macht und Habgier orientiert sind und den einzelnen Menschen mehr oder weniger mißachten bis hin zu Folterungen und Ermordungen (siehe die ehemalige DDR), da die Orientierung an größter Menschlichkeit und Liebe fehlt. Die allgemeine Orientierung geht im Zuge dieser Entwicklung immer mehr weg vom Menschen. Außerdem bilden sich aufgrund der Machtverhältnisse Führungsgruppen, die darüber bestimmen, wer okay ist und wer dazu gehört, und wer nicht. Bei uns ist im Moment der Maßstab Geld und Anstand. Dadurch entstehen natürlich Außenseitergruppen, die dann diskriminiert und später verfolgt werden.

Dadurch, daß die Macht immer mehr vordringt, wird das ganze gesellschaftliche Gefüge immer unfreier.

Ein verantwortliches Miteinander zwischen allen Menschen wird immer unmöglicher, da die Mächtigen hauptsächlich ihre Interessen durchsetzen, die weder am Allgemeinwohl noch an einem menschlichen Miteinander orientiert sind. Dadurch sinkt das Vertrauen der einzelnen Mitglieder in ihre Gesellschaft, und sie ziehen sich in ihre Privatsphäre zurück. Sie sind nicht mehr bereit, sich in dieser Gesellschaft mit ihrer Kraft, ihren Qualitäten und Fähigkeiten oder aber mit ihrer Kritik einzubringen.

Als Folge davon nehmen auch die persönlichen Probleme zu. Menschen kommen nicht mehr mit sich oder ihrem Leben zurecht. Zum einen, weil sie an keinem Ort geliebt und angenommen werden, zum anderen, weil ihnen das Leben, das sie leben sollen, nicht entspricht, sie aber keinen Ausweg für sich sehen.

Gleichzeitig haben sie aber auch nicht gelernt, für sich zu sorgen und ihre auftretenden Probleme mit sich in Verbindung zu bringen und sie zu bewältigen. Die Folge davon sind Krankheiten, Süchte, Unfälle, Kriminalität, Selbstmorde, Verrücktsein usw.

Die Gesellschaft muß, um mit all diesen Problemen fertig zu werden, Unsummen von Geldern aufbringen, die ja von jedem einzelnen kommen, und mit einer Heerschar von Helfern diesen Menschen helfen – ohne sie zu lieben und ohne nach den wahren Ursachen ihrer Probleme zu fragen. Kein Wunder, daß so wenige Menschen an Leib und Seele gesunden.

In erster Linie geht es dabei darum, daß diese Menschen nicht oder nicht längerfristig aus dem Arbeitsprozeß herausfallen und der Gesamtheit auf der Tasche liegen. Dadurch verändern die Symptome häufig nur ihr Gesicht, und alles bleibt beim alten.

Außerdem muß die Gesellschaft das Heer der Nicht-Liebenden, die sich in Gewalt und Kriminalität ausdrücken und denen ein Menschenleben wenig oder nichts mehr bedeutet, mit viel Geld und Aufwand in Schach halten (Polizei, Gefängnisse, Gerichte, Soldaten usw.) und den Rest der Bevölkerung vor ihnen schützen.

Da Strafen mit der Zeit nur noch wenig ausrichten, werden die Strafen drastischer und lösen noch mehr Haß aus, wodurch die Kriminalität noch mehr steigt. Das wird dann zu einer Spirale ohne Ende.

Starke Auswirkungen der Nicht-Liebe kann man auch an den Lebensmitteln erkennen. Da das Erzeugen und Herstellen von Lebensmitteln nicht am Menschen orientiert ist, was ihm beispielsweise zuträglich und gesundheitsförderlich ist, sondern nur am Profitinteresse, bestrahlen die Hersteller die Nahrung bedenkenlos mit allen möglichen gesundheitsschädlichen Strahlen, bespritzen sie mit Giften, und keiner gebietet ihnen Einhalt.

Unsere Umwelt ist auch ein deutliches Zeichen für die herrschende Lieblosigkeit in allen Gesellschaften. Sie wird aus Profitgier ohne Rücksicht auf Verluste ausgebeutet und mißhandelt, und auch die Stimmen, die sich dagegen wehren, werden einfach überstimmt oder nicht beachtet.
Diese überall herrschende Lieblosigkeit wird jedoch vertuscht und nicht beim Namen genannt. Sie wird so lange verdrängt, bis so viel passiert, daß sie nicht mehr zu übersehen ist.
Dieser natürliche Vorgang hat sich schon zweimal in diesem Jahrhundert wiederholt – der Erste und der Zweite Weltkrieg brachten die herrschende Lieblosigkeit ans Tageslicht. Aus diesen Katastrophen haben dann einige Menschen gelernt, allerdings wieder nicht die gesamte Weltbevölkerung. Im Moment gibt es auf der ganzen Erde Eskalationen der Lieblosigkeit.
Die Frage ist offen, ob wir Menschen dieses Mal noch rechtzeitig – bevor eine dritte Katastrophe, dieses Mal sehr wahrscheinlich eine Umweltkatastrophe, passiert – realisieren, wie weit uns unsere Lieblosigkeit gebracht hat, und ob wir bereit sind, unsere Verantwortung dabei zu sehen, um einen Weg beschreiten zu können, der damit anfängt, daß wir uns zuerst selbst und dann unsere Mitmenschen lieben lernen, um uns dann für bessere Verhältnisse in der ganzen Welt stark zu machen.
Jeder von uns trägt ein Stück Verantwortung dafür, wie es in unserer Gesellschaft aussieht. Dieser Verantwortung gerecht zu werden, ist gerade in der heutigen Zeit ziemlich schwierig, wenn man zum Beispiel daran denkt, wie viele Schadstoffe ein Auto ausscheidet, aber dennoch äußerst notwendig.
Indem jeder von uns einen Teil der Verantwortung für die Umweltschäden übernimmt, lernen wir zu erkennen, wie auch wir daran beteiligt waren und sind, und können uns gezielt anders verhalten.
Eine Umkehr zur Liebe ist uns allen zu wünschen.

*Du kannst dich nur lieben,
wenn du dich siehst.*

IV
Schritte zur Selbst-Liebe

1 Sich sehen lernen

Was heißt es, sich zu sehen?

Dich zu *sehen* bedeutet,
- daß du mit deinen äußeren und inneren Augen und mit all deinen Sinnen das wahrnimmst, was du im jeweiligen Moment gerade bist – ohne dich dabei zu belügen –,
- daß du mitbekommst, was du denkst und fühlst, wie sich dein Körper anfühlt, was er dir zu sagen hat, wie du dich verhältst, welche Eigenschaften bei dir im Vordergrund stehen, was dich belastet, was dich glücklich macht usw.,
- daß du wach und offen für dich bist,
- daß du nicht an einem starren Bild von dir festhältst, sondern bereit bist, dich immer wieder neu zu sehen,
- daß du dich immer wieder aufs neue von dem berühren läßt, was du bei dir siehst.

Um das zu schaffen, brauchst du einen guten Kontakt zu dir, eine Menge Neugier und das Bedürfnis, dich realistisch zu sehen.
Dich zu sehen ist ein fortlaufender Prozeß, in dem du immer bewußter über dich wirst und immer mehr von dir wahrnimmst. Dadurch vertieft sich dein Kontakt zu dir, und du wirst immer klarer.

Dich zu sehen ist die einzige Möglichkeit,
- um dich kennen- und verstehen zu lernen,
- um dich annehmen zu lernen,
- um deine Grenzen zu erweitern,
- um die Selbstheilungskräfte deiner Psyche zu aktivieren,
- um das zu transformieren, was deiner Entwicklung und deinem Wachstum im Wege steht,
- um heil zu werden,
- um eins mit dir zu sein,
- um in der Realität zu leben,
- um die Verantwortung für das, was du bist und wie du dich entwickelt hast, übernehmen zu können,
- um dich lieben zu können.

Du wirst dich natürlich nur in dem Maße sehen können, wie du dich auch zeigst. Bleibst du für deine Außenwelt verborgen, bleibst du auch für dich selbst verborgen. Die Qualität deines Sehens hängt auch mit deinem Entwicklungsstand zusammen. Je bewußter du bist, desto mehr siehst du bei dir. Gleichzeitig gibt es verschiedene Arten des Sehens, die ich im Abschnitt »Die verschiedenen Arten des Sehens« (Seite 133-142) eingehend beschreibe. Selbst beim Sehen kannst du dich immer weiterentwickeln.

Das Endziel des Sehens ist, daß sich dein Blick für dich immer mehr erweitert, so daß du dich eines Tages als ganzes Wesen = als Gesamtbild sehen kannst. Denn du bist selbstverständlich mehr als die Summe deiner einzelnen Teile. Das Ganze, das du bist, drückt etwas aus, was die einzelnen Teile nicht ausdrücken können. Das Mehr, das du als ganzes Wesen bist, ist das Lebendige, das Göttliche, was sich durch dich ausdrückt.

Dieses Bild, das du dann von dir bekommst, wenn du sozusagen hinter die Kulissen blickst, läßt sich nicht mit Worten beschreiben, sondern es löst ein Gefühl in dir aus, und du bekommst einen tiefen Eindruck von dir als Wesen, das Teil deiner Seele ist.

Auch dein Körper besteht aus vielen einzelnen Teilen, die du sicherlich alle zum größten Teil kennst und benennen kannst, doch wenn du sie einzeln betrachtest, werden sie wenig in dir auslösen. Läßt du jedoch deinen ganzen Körper auf dich wirken, indem du ihn als Ganzes betrachtest, bekommst du einen deutlichen Eindruck von dir und wirst gleichzeitig etwas Bestimmtes für ihn empfinden.

Es ist wichtig, daß du im Laufe der Zeit viele unterschiedliche Eindrücke von dir als ganzes Wesen gewinnst, denn erst dann wird ein Stück deiner Seele für dich sichtbar.

Doch dein Blick für dich ist bislang verstellt, weil du manches an dir nicht sehen willst und es deswegen ausgeklammert hast; das können sowohl von dir als »positiv«, aber auch als »negativ« bewertete Teile sein. Es ist so, als hättest du vor die einzelnen Teile, die du nicht sehen willst, Vorhänge gezogen. Dadurch siehst du sie zwar höchstwahrscheinlich nicht mehr, oder nur abgeschwächt, aber gleichzeitig hast du dir damit den Blick fürs Ganze, was du bist, versperrt. Und genau deswegen kannst du dich nicht lieben, denn lieben kannst du dich nur im ganzen, da die Liebe nichts Trennendes, Aufteilendes ist.

Wenn du dich lieben lernen willst, gibt es nur einen Weg, nämlich wieder all das an dir wahrzunehmen, was du aus deinem Blickfeld gerückt hast, um es nicht mehr zu sehen, insbesondere die von dir als »negativ« oder »schlecht« bewerteten Teile, da sie die dichtesten »Vorhänge« haben und dadurch am meisten verhindern, daß du dich sehen kannst.

Du bist am Ziel angekommen, wenn du dich vollständig mit allem, was du bist, wahrnehmen kannst, dir also vollkommen über dich bewußt bist und dich als Wesen erkennen kannst und du alles, was du bist, vollständig zum Ausdruck bringen kannst. Das ist dann der Zustand, in dem du ganz und heil bist. Dieser Zustand ist ein Zustand der Glückseligkeit!

Für diesen Prozeß des Sehens ist es nötig, daß du in dir eine neue Instanz entwickelst:

den neutralen Zuschauer,

eine Instanz, die du *neu* in dir erschaffen mußt – falls du sie nicht als Kind mit Hilfe deiner Eltern in dir entwickelt hast. Diese Instanz hat die Aufgabe, dir einfach zuzuschauen, dir Fragen zu stellen und dir bewußt zu machen, was sie sieht – *ohne* dich mit »gut« oder »schlecht« zu bewerten, dich zu beurteilen oder gar zu verurteilen.

Nur mit ihr kannst du es schaffen, alle Teile von dir anzuschauen, auch die, die du »schlecht« findest, die du bei dir ablehnst, die du nicht annehmen willst, die du dir normalerweise nicht anschauen würdest und die du mit allen Kräften im Verborgenen hältst.

Mit dieser Instanz kannst du dein ganzes Sein ins Bewußtsein rücken. Diese Instanz kann um so mehr in dir wachsen, je mehr du sie beobachten und wahrnehmen läßt.

Damit diese Instanz gut arbeiten kann, ist es wichtig, daß du dir selbst gegenüber offen bist und bereit bist, jederzeit deiner Wahrheit ins Auge zu blicken. Wenn du nicht an deiner Wahrheit orientiert bist, sondern nur daran, wie gut das Bild ist, das du abgibst, wirst du dem *neutralen Zuschauer* schnell alles ausreden, was dir nicht gefällt, oder es so verdrehen, daß es wieder in dein Bild von dir paßt.

Jede Wahrnehmung deines *neutralen Zuschauers* kannst du beliebig vertiefen, indem du deine Aufmerksamkeit länger auf dich richtest, nachspürst, dir verschiedene Fragen stellst und dich nicht mit schnellen Antworten zufrieden gibst. Das Ergebnis wird dabei immer davon abhängen, wieviel du wissen willst.

Ein Beispiel: Nehmen wir einmal an, du nimmst wahr, daß du enttäuscht bist. Im weiteren Nachspüren und Nachdenken merkst du, daß du wegen deinem Freund enttäuscht bist, weil er dich nicht angerufen hat. Erst jetzt erkennst du, daß du die Erwartung hattest, daß er dich anruft, obwohl ihr nicht darüber gesprochen hattet. Dir wird plötzlich klar, daß du ständig Erwartungen hast und darüber häufig enttäuscht bist. Dir wird der Zusammenhang klar zwischen deinen Erwartungen und deinen Enttäuschungen. Du begreifst dadurch, daß du deine Wünsche nicht aussprichst. Das macht dich im Moment sehr traurig. Du siehst, daß du genau das zu lernen hast.

Diese Art zu sehen und zu hinterfragen verschafft dir immer wieder neue Erfahrungen mit dir, so daß du zu entsprechenden Ein-Sichten kommst, die dich verwandeln und zum Lernen bringen. Eine Ein-Sicht erkennst du daran, daß sie in dir etwas berührt, dich betroffen macht. Alle anderen Erkenntnisse, die dich nicht wirklich treffen, verändern nichts bei dir. Du kannst stundenlang über deinen Charakter, deine Vergangenheit oder dein Horoskop reden – wenn das nichts in dir auslöst, wird es dir auch nichts bringen. Dieses Pseudo-Sehen ist jedoch derzeit sehr in Mode, weil man damit so leicht Offenheit und Bewußtheit vortäuschen kann.

Je mehr die Instanz des *neutralen Zuschauers* in dir wirken darf, desto mehr gewinnt sie an Kraft.

Den Wunsch nach Bewußtsein mußt du dir ebenso erst erarbeiten, außer du bist schon als Kind mit Bewußtsein in Berührung gekommen.

Aber diese Instanz des Bewußtseins in dir beobachtet und berichtet nicht nur, sondern stellt auch Fragen wie zum Beispiel: »Wie hast du dich gerade gefühlt?« »Fandest du deine Stimme gerade echt?« usw.

Je mehr Fragen in dir auftauchen – je mehr du von dir sehen willst –, desto mehr kannst du natürlich über dich erfahren und desto größer wird dein Bewußtsein über dich, das heißt dein Selbst-Bewußtsein.

Dein Dich-Sehen wird dich nicht nur verwandeln, sondern auch heil machen, denn alles, was ans Licht kommt, kann gesunden.

Wenn du dir selbst gegenüber nicht offen bist oder dich scheust, dich genau anzuschauen, überprüfe, woher das kommt: Hast du vielleicht zu hohe Erwartungen an dich, mußt du perfekt sein oder akzeptierst du nur deine Sonnenseiten und lehnst alles andere bei dir ab? Hast du Angst, »schlecht« oder »negativ« zu sein?

Schau dir genau an, was dir im Wege steht, um ganz offen mit dir zu sein und *alles* von dir zu betrachten, und entwickle den Wunsch, *alles* bei dir sehen und annehmen zu können.

Vieles von dir siehst du nicht aus eigenen Stücken, da du darauf noch gar keinen Blick gerichtet hast – entweder, weil du bisher keine Veranlassung dazu hattest, oder weil du es nicht sehen wolltest, weil du es als »negativ« bewertest.
Anderes hast du in dir unterdrückt oder von dir abgespalten, weil es zuviel Bewegung oder Unsicherheit in dir freigesetzt hätte wie zum Beispiel Wut, Hingabe, Dankbarkeit usw. Und du hast dir höchstwahrscheinlich ein Bild (Ego) von dir gemacht, das an manchen Stellen deiner Realität nicht entspricht.

Es gibt also Teile von dir, die du dir alleine gar nicht anschauen oder an die du nie ohne andere Menschen hinkommen würdest. Außerdem gibt es bestimmt auch Anteile von dir, die du dir freiwillig nie anschauen würdest. Die meisten Menschen würden sich zum Beispiel freiwillig nie ihre Lieblosigkeit oder Habgier anschauen.
Alles, was du an dir nicht siehst, sind deine sogenannten blinden Flecken, Stellen, die du bisher im Dunkeln gelassen hast.
Das heißt, du brauchst Kontakt zu Menschen, die dich sehen und auf dich reagieren, damit du mehr und mehr all das an dir sehen kannst, was du bisher nicht sehen konntest oder wolltest.
Dieser Prozeß, in dem du dich durch die Augen der anderen Menschen sehen lernen kannst, ist nicht immer leicht. Es wird dir an manchen Stellen weh tun, an anderen Stellen wirst du dich mit Händen und Füßen wehren, wenn zum Beispiel dein Bild von dir ins Wanken kommt oder du dich bisher anders, zum Beispiel »positiver« gesehen hast.
Auf jeden Fall ist dieser Prozeß für dich wichtig und notwendig, wenn du dich sehen lernen willst. Er dient deiner Weiterentwicklung und beschleunigt dein Wachstum.

*Du bist innerlich reicher,
als du zu träumen wagst.*

Was gibt es alles zu sehen?

Es gibt unendlich viele Teile und Instanzen in dir wie zum Beispiel deine Gefühle, deine Gedanken, deinen Körper, dein inneres Kind, deine innere Stimme, deine Intuition usw. Einige davon wirst du schon kennen, einige haben eine eigene Stimme in dir, viele andere wirst du erst dann in dir entdecken, wenn du dich intensiver mit dir beschäftigst.

Keiner deiner Anteile ist »gut« oder »schlecht«. Alle Teile sind ausschließlich dafür da, um dich auf dich aufmerksam zu machen und um dich an ihnen erfahren zu können.

Jeder Teil von dir hat dich in einer bestimmten Art geformt oder verformt. Alle Teile zusammen machen dich zu dem bestimmten Menschen, der du bist. Und dennoch bist du mehr als alle Teile zusammen.

Je mehr du deine Teile in dein Bewußtsein rückst, desto eher kannst du ihr Spiel bestimmen; denn alle deine Anteile sind wandelbar. Diese meist sehr unterschiedlichen Teile in dir sind jedoch wie die einzelnen Instrumente in einem großen Orchester. Sie brauchen eine Führung = einen Dirigenten, der sie in ihrem Spiel vereint und ihnen beibringt, aufeinander zu hören und so zusammenzuspielen, daß es für alle ein Genuß ist. Dazu leistet jeder seinen besonderen Beitrag, der weder besser noch schlechter ist als die Beiträge der anderen, aber ebenso wichtig.

Diese Rolle übernimmt dein *neutraler Zuschauer* (siehe Seite 99) in dir, sobald du ihm diese Aufgabe überträgst.

Hast du es bisher so erlebt, daß dich deine Teile in die unterschiedlichsten Richtungen gezogen haben, so daß du von dir geglaubt hast, daß bei dir etwas nicht stimmen kann, oder du Mühe hattest, dich zu verstehen, oder andere von dir behaupten, daß du unberechenbar seiest, so ist das ein Zeichen dafür, daß du bisher keine Führung in dir hattest.

Deine Arbeit besteht also darin, deine einzelnen Anteile kennenzulernen und gleichzeitig deinen Dirigenten heranzuziehen, damit er jeden einzelnen und alle zusammen in der richtigen Weise – so daß du wachsen kannst – führen kann.

Abwehr

Abwehr ist ein Vorgang, bei dem du bestimmte Gedanken, Gefühle und Verhaltensweisen einsetzt, um gewisse Sichtweisen über dich oder das Leben oder um einige Gefühle oder Menschen nicht an dich heranzulassen. Es ist eine innere Grenze von dir, die du schützen willst. Ein Beispiel: Ein Kollege findet dich stur, du wehrst diese Sichtweise über dich ab, indem du denjenigen als ungerecht und gemein betitelst – weil du nicht als stur gesehen werden willst oder auch nicht sein willst. Oder: Du ziehst dich beleidigt zurück, wenn dich dein Freund unnatürlich empfindet – weil du dich selber nicht so erlebst und du nicht annehmen könntest, so zu sein –, *ohne* zu überprüfen, inwieweit dich die anderen Menschen richtig sehen.
Durch deine Abwehr begegnest du der »Gefahr«, dein Bild von dir angegriffen zu sehen, bei anderen schlecht dazustehen, dich selber schlecht zu finden, dich schwach oder klein zu fühlen, dich berühren zu lassen, beeinflußt zu werden, eine Einsicht zu bekommen, neue Sichtweisen über dich selbst oder das Leben anzunehmen oder gewohnte Gedanken aufgeben zu müssen oder einen bestimmten Menschen an dich heranzulassen ... was immer deine Gründe auch sein mögen. Wenn du viel abwehrst, hinderst du dich daran, das zu lernen, was auf deinem Weg wichtig und nötig ist. Auf der anderen Seite zeigt dir deine Abwehr deutlich, was du nicht sehen, hören oder fühlen willst, so daß du deine Lektionen klar erkennen kannst.

Ängste

Angst ist kein Gefühl. Was du fühlst und als Angst bezeichnest, ist das momentane Fehlen eines Teils deiner Lebensenergie. Die fehlende Lebensenergie befindet sich in der Situation oder in den Gedanken, womit du dir angst »machst«.

Die meisten deiner Ängste produzierst du im Kopf. Wenn du wachsam mit dir bist, kannst du genau hören, mit welchen Gedanken und Bildern du dir angst machst.
Angst hat viele Funktionen: Sie zeigt dir das, was du noch nicht kennst oder kannst, damit du deine Lektionen erkennst. Nimmst du diese Lektionen an, kannst du dich gleichzeitig an ihnen stärken. Angst ist ein Wegweiser für einen bestimmten Weg, der für dein Wachstum richtig ist, und sie zeigt dir eine Gefahr auf (siehe auch den Abschnitt »Gestörter Umgang mit der Angst«, Seite 78-80).

Ansichten/Meinungen

Ansichten und Meinungen hast du meistens durch Hören und Sehen oder durch Nachahmen, selten durch deine eigenen Überlegungen gewonnen. Sie sind in den meisten Fällen von deiner Umwelt geprägt und haben daher oft wenig mit dir selbst zu tun. Das kann so aussehen, daß deine Ansichten oder Meinungen nicht einmal mit deiner inneren Wahrheit übereinstimmen. Du könntest beispielsweise die Ansicht haben, Gewalttätigkeit sei schlecht und dennoch deinen Mann/deine Frau oder deine Kinder unterdrücken.
Trotzdem identifizieren wir uns häufig sehr stark mit unseren Ansichten und Meinungen und glauben, sie bis aufs Messer verteidigen zu müssen.
Ansichten verdecken auch häufig eigene Unfähigkeiten. Hat jemand beispielsweise Angst vor Aggressionen, ist er meist der Ansicht, Aggressionen seien schlecht.

Blinde Flecken

Das sind Eigenschaften, Verhaltensweisen, Gefühle, Zustände usw. in dir, die du bei dir nicht siehst, weil du sie ablehnst, nicht wahr-haben willst, sie bei dir nicht akzeptierst (oder die du nie gespiegelt bekommen hast). Du hältst sie daher vor dir geheim, verleugnest oder verdrängst sie und versteckst sie vor dir und anderen, bis du sie selbst nicht mehr wahrnimmst. Viele blinde Flecken ergeben deinen Schatten.

Eigenschaften

Wiederholst du häufig ein bestimmtes Verhalten, wird es zu einer Eigenschaft.
Die Einteilung von Eigenschaften macht es für uns möglich, daß wir unser Verhalten oder das eines anderen Menschen beschreiben können und über das Bild eines Menschen sprechen können. Sie ist eine Hilfe, um sich und andere zu sehen. Wenn du zum Beispiel jemanden als geizig bezeichnest, verhält er sich so, daß er etwas nicht hergeben will.
Eigenschaften werden meist in früher Kindheit eingeübt und durch Gewohnheit erlernt, meist fleischen sie sich so ein, daß sie zu Mustern werden. Oft werden sie auch bereits in dieses Leben mitgebracht, um nun darüber hinauszuwachsen.
Es ist wichtig, daß du deine Eigenschaften nicht festschreibst – so bin ich und nicht anders –, sondern dir erlaubst, dich jeden Tag anders zu verhalten – je nachdem, was dir begegnet.

Einstellungen

Einstellungen sind Standpunkte, die man sich selbst und anderen Menschen gegenüber einnimmt. Diese Einstellungen hast du dir im Laufe deines Lebens durch Erfahrungen oder aufgrund von Vorurteilen angeeignet. Sie sind leichter wandelbar als innere Haltungen und Muster.
Einstellungen dir selbst gegenüber beschreiben das Bild, das du von dir hast, zum Beispiel: Ich bin ein Mensch, der ... (langsam, tüchtig, hilfsbereit etc.) ist.
Einstellungen sind auch Gedankenkonzepte über eine bestimmte Sache oder bestimmte Menschen, zum Beispiel: Ausländern kann man nicht trauen. Diese Einstellung ist jedoch veränderbar, wenn derjenige andere Erfahrungen mit Ausländern macht.

Einstellungen und innere Haltungen können konträr sein. Meistens verhält man sich nach seiner inneren (Grund-)Haltung. Beispielsweise: Christen haben die Einstellung von Brüderlichkeit und Nächstenliebe ihren Mitmenschen gegenüber. Fordert man sie im Ernstfall auf, Notleidende aufzunehmen, setzt sich bei vielen die innere Haltung durch, nichts von sich hergeben zu wollen.

Erinnerungen

Erinnerungen sind gespeicherte Erlebnisse in Verbindung mit Gedanken, Gefühlen und Bildern, die du in deiner Vergangenheit erlebt hast und die du wieder ins Bewußtsein rufen kannst.
Anhand deiner Erinnerungen kannst du dir klar machen, was du bisher erfahren hast und kannst damit deine jetzigen Erfahrungen kräftigen. Zum Beispiel: Du erfährst dich heute als kleinlich und bemerkst dabei, wie energielos dich das macht. Du suchst in deiner Vergangenheit nach Beispielen und findest tatsächlich Situationen, in denen es dir ähnlich ergangen ist. Jetzt erkennst du, was deine Kleinlichkeit für Auswirkungen auf dich hat.
Wenn du immer wieder in die Vergangenheit gehst und in deinen Erinnerungen lebst, kann das eine Flucht vor deiner Realität sein, oder du tröstest dich mit deinen Erinnerungen, indem du dir dort die Befriedigung suchst, die du in deinem jetzigen Leben nicht realisieren kannst, oder du gehst in deinen Gedanken zurück und siehst keinen Sinn darin, aktiv zu werden, so daß du in Ruhe passiv bleiben kannst.

Erwartungen

Wenn du etwas erwartest, machst du dir eine Vorstellung davon, was in Zukunft passieren soll und was du erleben willst, das heißt: wie deine Realität sein wird oder sein soll. Sich Erwartungen zu machen, ist eine gute Methode, um sich zu enttäuschen. Außerdem verstellt eine Erwartung den Blick für das, was dann wirklich passiert, so daß wir für die tatsächliche Realität blind sind.

Gedanken

Alles, was du denkst, sind Gedanken. Im Idealfall beschreiben und ordnen sie dein Leben und helfen dir gleichzeitig, dich und dein Leben zu verstehen und zu erkennen.
Da jedoch kaum jemand gelernt hat, mit seinen Gedanken umzugehen, beschneiden sie häufig die Realität eines Menschen oder verschleiern sie und bringen mehr Verwirrung als Ordnung. Wenn man mit seinen Gedanken richtig umgeht, sind sie ein Hilfsmittel, um Klarheit zu bekommen und seinem Leben eine Richtung zu geben.
Gedanken sind die Vorstufe zur Realität, sie müssen aber nicht zur Realität führen. Mit unseren Gedanken formen wir unsere Realität. Dabei kann ich meine Gedanken so einsetzen, daß sie mich stärken oder schwächen. Ich kann mein Leben durch meine Gedanken behindern oder fördern. Zum Beispiel: »Ich kann alles lernen« oder: »Ich werde nie etwas schaffen.«
Mit meinen Gedanken kann ich in der Vergangenheit, in der Gegenwart oder in der Zukunft verweilen.
Häufig werden Gedanken und Gefühle verwechselt, weil es im Moment moderner ist, zu fühlen als zu denken. Der Satz »Ich habe das Gefühl, daß ...« ist ein deutliches Zeichen dafür. Dieser Satz gibt mich aus als Fühlenden, und dennoch rede ich nur über meine Gedanken. Auch der Satz »Ich fühle, hier ist keine gute Schwingung« ist nur ein Gedanke. Denn ein Mensch kann höchstens seine Enge spüren oder daß seine Stimmung getrübt ist oder er sich beklommen fühlt und dann zu dem gedanklichen Schluß kommen, daß hier keine gute Schwingung ist. Die meisten Gefühle entspringen Gedanken.

Gefühle sind nicht zum Sammeln da!

Gefühle

Es gibt drei Grundgefühle:
Aggression, Traurigkeit und Freude

Bei jedem der drei Grundgefühle gibt es viele abgestufte Gefühle, die eine viel differenziertere Wahrnehmung verlangen:

Aggression:
Ärger, Wut, Zorn, Haß, Ablehnung, Groll, Neid, Eifersucht

Traurigkeit:
Schmerz, Wehmut, Sehnsucht, Heimweh, Verzweiflung, Trauer, Weinen, jemanden vermissen

Freude:
Ausgelassenheit, Heiterkeit, Optimismus, Glück, Lachen, Liebe

Gefühle sind Grundzustände des menschlichen Seins. Meistens entstehen sie durch Gedanken. Zum großen Teil beschreiben sie, wie etwas für dich ist. Sie zeigen dir, wie dich etwas berührt oder bewegt. Deine Gefühle geben dir eine Richtung. Sie sind ein großer Teil deiner Lebendigkeit. Um authentisch zu sein, mußt du mit deinen Gefühlen verbunden sein.

In einem anderen Zusammenhang können Gefühle auch jeweils eine andere Bedeutung haben:

Beleidigtsein ist – falls du es lebst – eine Möglichkeit für dich, Aggressionen auszutragen, ohne sie zu leben. Meistens wollen wir den anderen mit diesem Gefühlszustand bestrafen, wobei die Strafe die Kontaktsperre ist.
Bei kleinen Kindern ist das Beleidigtsein die erste Machtform, die sie einüben und ausprobieren.

Kränkungen entstehen dann, wenn du dich über etwas oder jemanden ärgerst und/oder dich von dem anderen zurück-

ziehst, anstatt deinen Ärger zu zeigen und darüber in Kontakt zu gehen. Gleichzeitig tust du dir mit deinen Gedanken über dich und den anderen noch zusätzlich weh. Dabei siehst du nicht, daß **du** ein Problem bekommen hast und gibst dem anderen insgeheim die Schuld an deinem Zustand.
Möglicherweise zeigst du dich deswegen nicht, weil in einer Auseinandersetzung auch Teile von dir zum Vorschein kämen. Würdest du dich beispielsweise darüber ärgern, daß dein Freund dich zu selten anruft und sehen will, müßtest du – neben dem möglichen Desinteresse deines Freundes – vielleicht sehen, welche nicht ausgesprochenen Erwartungen du an ihn hast, und deine Anspruchshaltung ihm gegenüber würde sichtbar.

Schmerz kann beispielsweise der Ausdruck einer Aggressionsverschiebung sein. Weil sich jemand dir gegenüber in gewisser Weise verhalten hat, tut dir etwas weh. Im Grunde genommen bist du aggressiv auf den anderen, weil er in deinen Augen die Schuld an deinem Schmerz trägt.

Traurigkeit ist eine körperliche Art, etwas loszulassen. Dabei gibt es das Weinen, das tief berührt, oder die Trauer darüber, daß etwas nicht so ist, wie du es haben wolltest.

Verletztsein: Eine innere Verletzung unterscheidet sich von dem Gefühl, daß dir innerlich etwas weh tut. Ein gelebter Schmerz kann relativ schnell vergehen, eine bestimmte Verletztheit kann ein Leben lang anhalten.
Eine innere Verletzung ist immer etwas, was du dir selber zufügst, weil dich niemand (innerlich) verletzen kann. Dem geht immer ein innerer psychischer Prozeß voraus.
Du fügst dir selbst durch bestimmte Gedankengänge, nicht eintreffende Erwartungen, Interpretationen eine Wunde zu. Ein Beispiel: Dein Freund verhält sich dir gegenüber kalt. Das tut dir spontan weh, du beläßt es aber nicht dabei, sondern beginnst sein Verhalten zu interpretieren: »Er hält eh nichts von mir, wahrscheinlich will er mich nur ausnutzen, wenn

er eine Bessere hat, verläßt er mich bestimmt!« Damit baut sich eine starke Verletzung in dir auf, die dazu führen kann, daß du dich sogar von ihm trennen möchtest.
Auf diese Weise hältst du den anfänglichen Schmerz fest und vergrößerst ihn – ohne daß er sich lösen kann.
Das Verletztsein wird häufig zu einem reinen Manipulationswerkzeug, das besonders bei Frauen sehr beliebt ist.

❖ **Jedes längere Zeit unterdrückte Gefühl kann zu Depressionen führen** ❖

Glauben
(losgelöst vom religiösen Kontext)

Ein Glaube ist alles, was du über dich und andere aufgrund von Erfahrungen, Vorstellungen, Vorurteilen und Fehleinschätzungen glaubst.
Oft unterstützt ein Glaube (oder mehrere) ein zurechtgezimmertes Weltbild zu verschiedenen Zwecken: um dir künstlich eine Richtung zu geben, oder um gewissen Realitäten zu entfliehen. Würdest du beispielsweise glauben, Gott prüft dich, indem er dich leiden läßt, wäre dieser Glaube eine Flucht, damit du nicht sehen mußt, woran du wirklich leidest und was **du** damit zu tun hast.
Wenn jemand etwas glaubt, ist er meistens sicher, daß sein Glaube richtig ist, und er verteidigt ihn, wenn er angegriffen wird.
Aus dem Glauben über uns oder wie wir das Leben sehen, entspringen unsere Glaubenssätze. Die meisten von uns kennen mehr hemmende als beflügelnde Glaubenssätze, da die beflügelnden Glaubenssätze – zum Beispiel: »Ich kann alles« – leichter zu untergraben sind. Denn schon beim nächsten Mal, wenn ich etwas nicht kann, kann ich mir leicht – ohne viel Energie – bestätigen, daß ich doch nicht alles kann. Den

Glaubenssatz »Ich kann alles« aufrechtzuerhalten, würde mich weit mehr Energie kosten, um ihn auch bei Fehlschlägen nicht aufzugeben.

Daher sind die hemmenden Glaubenssätze meist sehr langlebig, da sie sich leichter festsetzen, im Gegensatz zu den bestärkenden Gedanken, die meist sehr kurzlebig sind.

Ein Beispiel: Glaubt jemand von sich, daß er nichts taugt, wird er jede Sache, die er anpackt, nur mit halber Energie ansteuern, wodurch er natürlich sein Ziel nicht so schafft, wie er es zumindest vordergründig will. Sein Versagen oder Teil-Versagen nimmt er dann als Anlaß, um sich wiederum zu bestätigen, daß er doch nichts taugt.

Auf diese Weise bestätigen sich die hemmenden Glaubenssätze immer wieder selber und verhärten sich mit der Zeit.

Innere (Grund-)Haltungen

Eine innere Grund-Haltung ist ein Gedankenkonzept oder eine Position, die du zu etwas oder zu jemandem aufgrund deiner Erfahrungen oder Botschaften deiner Eltern oder anderer Bezugspersonen – meistens in der frühkindlichen Phase – eingenommen hast, zum Beispiel: »Alles Neue ist angsterregend – also paß gut auf oder tu nichts, was neu ist.«

Diese inneren Haltungen hast du daher schon sehr lange, häufig sitzen sie sehr tief und liegen meist im Verborgenen. Sie verfestigen sich mit der Zeit besonders durch die Erfahrungen, die du aufgrund deiner inneren Haltungen machst.

Eine innere Haltung erkennt man eher am Verhalten eines Menschen als an dem, was er von sich gibt. Ein Beispiel: Du hörst, wie ein Mann erzählt, wie gern er mit Frauen zusammen ist, an seinem Verhalten kannst du jedoch ablesen, daß er eine abwertende Haltung ihnen gegenüber hat.

Häufig stellt eine innere Haltung einen Lösungsversuch für ein bestimmtes inneres Problem dar. Hast du beispielsweise die Haltung: »Ich beobachte erst einmal die Menschen, bevor

ich für sie fühle«, ist dies möglicherweise ein Versuch, Enttäuschungen aus dem Weg zu gehen.
Es gibt auch innere Haltungen, die du dir selbst gegenüber eingenommen hast. Sie basieren auf den Erfahrungen, die du im Zusammenhang mit deiner Person gemacht hast. Hast du zum Beispiel die Erfahrung gemacht, daß sich niemand wirklich um dich gekümmert hat, hast du möglicherweise die Haltung eingenommen: »Ich bin unwichtig und nicht der Liebe wert.«

Handeln

Du handelst, wenn du deine Impulse, Gedanken und Gefühle in die Tat umsetzt und sie damit in die Realität bringst. Dadurch wird deine Realität sichtbar. Durch dein Handeln kommt heraus, was du kannst und wie du dabei bist, zum Beispiel konzentriert oder unkonzentriert. Du wirst sichtbar. Das Handeln dient aber auch dazu, Erfahrungen zu machen und seine eigenen Grenzen kennenzulernen und zu erweitern. Je mehr Wille dein Tun begleitet, desto mehr Energie fließt in dein Handeln. Du wirst dann um so leichter und effektiver handeln, und die Ernte wird um so größer sein.

Konflikte

Konflikte sind mehr als eine Auseinandersetzung, denn eine Auseinandersetzung kann man beschließen, ein Konflikt ist einfach da. Ein Konflikt entsteht zwischen zwei Menschen, wenn sie in einer bestimmten Weise aufeinandertreffen.
Aus einer inneren Notwendigkeit heraus »muß« man sich bei einem Konflikt auseinandersetzen.
Um einen Konflikt beenden zu können, muß man etwas zugeben und einsehen können.
Konflikte sind die besten Möglichkeiten, mit unseren unbewußten oder verdrängten Teilen in Verbindung zu treten. Gewöhnt man sich daran, aus Konflikten zu lernen, können

sie als sehr positiv erlebt werden. Konfliktscheu entsteht aus einem permanenten Nicht-Lernen oder Nicht-Lernen-Wollen.

Der Körper

Dein Körper ist der Anker, um in dieser Realität – in diesem Leben und auf diesem Planeten – als Mensch sein zu können. Dein Körper ist dein Wahrnehmungs-Instrument. Durch ihn nimmst du wahr, wie etwas für dich ist, was dich berührt, was dich bewegt, was dich beflügelt, dir Energie gibt oder raubt, dich traurig oder freudig macht, was dir weh tut usw. Und du nimmst deinen Körper wahr, indem du sein Leben spürst, seine Gefühle, Bedürfnisse, Schmerzen, Gelüste usw. Je reiner dein Körper ist, um so präziser kann er seiner Arbeit als Instrument nachkommen, um so klarer sind seine Botschaften an dich und um so klarer ist deine gesamte Wahrnehmung auf allen Ebenen.
Dein Körper macht dich außerdem vertraut mit dem Ende deines Hierseins auf dieser Erde.
Jeder Körper stellt eine bestimmte Lernaufgabe dar: Hast du zum Beispiel einen eher unattraktiven Körper, ist deine Aufgabe, deine innere und äußere Schönheit zu erwecken. Gleichzeitig bist du aufgefordert, deine inneren Qualitäten zu entwickeln. Du hast die Aufgabe, dir Raum unter den Menschen zu verschaffen, da es wahrscheinlich sehr viel schwieriger für dich sein wird, dich zu behaupten oder in Kontakt zu kommen.
Hast du einen eher empfindlichen Körper, ist es deine Lernaufgabe, mit deinem Körper in dauerhaftem Kontakt zu bleiben, sehr genau auf ihn zu achten und ihm das zu geben, was er jeweils braucht.
So hat jeder Mensch seine besondere Aufgabe, um mit seinem Körper in Kontakt zu kommen. Die meisten identifizieren sich jedoch zu sehr mit ihrem Körper, sie sind sozusagen ihr Körper. Das macht sie meist sehr stark abhängig vom Lustprinzip und läßt sie sehr oberflächlich leben.

Muster

Ein Muster ist eine Verhaltensform, mit der du auf ähnliche Situationen immer gleich reagierst.

Ein Muster hast du dir gefühlsmäßig angeeignet und verinnerlicht. Ein bestimmtes Verhalten von dir wird dabei zur Gewohnheit und läuft bei bestimmten Auslösern automatisch immer wieder gleich ab. Du hörst zum Beispiel etwas Unangenehmes über dich und verteidigst dich automatisch, oder es lacht jemand über dich, und du bist jedesmal beleidigt. Aber auch ein einzelnes Wort, zum Beispiel »dumm«, kann dich dazu bringen, automatisch immer wieder mit dem gleichen Gefühl von Verletztsein zu reagieren.

Ein Muster ist häufig ein mißratener Versuch, einem Problem zu begegnen: Wenn sich beispielsweise jemand von einem anderen Menschen beengt fühlt, zieht er sich daraufhin zurück und macht sich klein, statt seine Grenzen zu zeigen und durchzusetzen.

Wenn du viele Muster hast, bist du wie ein Roboter, der immer wieder gleich reagiert und dem Leben nicht neu und frisch begegnen kann.

Ohne deine Muster sind deine gefühlsmäßigen Reaktionen auf möglicherweise gleiche oder ähnliche Situationen wesentlich unterschiedlicher und reicher, als du dir vorstellen kannst.

Phantasie

Was wir mit Phantasie bezeichnen, sind meist innere, gemachte Bilder. Sie bringen etwas Inneres nach außen. Wenn du deiner Phantasie Raum gibst, schult es deine Kreativität.

Deine Phantasien können dir neue Aspekte von dir zeigen. Phantasierst du dich beispielsweise auf eine Insel, kommst du vielleicht in Kontakt mit deiner Sehnsucht, einfach zu leben.

Eine Phantasie ist außerdem eine gute Möglichkeit, die Gedanken von dem, was möglich ist, zu erweitern.

Möglich ist aber auch, sich in Phantasien zu flüchten, um die eigene Realität nicht zu sehen oder zu spüren.

Prägungen

Eine Prägung ist das, was du immer wieder erfahren hast und was eine Spur in dir hinterlassen hat. Hast du beispielsweise immer wieder von deinen Eltern gehört, daß du nichts kannst, hat sich tief in dir der Glaube eingegraben, daß du nichts kannst. Deine Prägung ist dann, daß du dir nichts zutraust und möglicherweise auch anderen nicht. Häufig sind Prägungen mit ganz bestimmten Glaubenssätzen verknüpft. Genauso können dich elterliche Züge geprägt haben. Vielleicht hast du die Überheblichkeit oder Unterwürfigkeit deiner Eltern nachgemacht, so daß du jetzt auch so bist.
Diese Prägungen entstehen hauptsächlich in den ersten drei Lebensjahren und gehen – meist vollkommen unbewußt – in Fleisch und Blut über.
Manche Prägungen werden häufig erst mit fortschreitendem Alter sichtbar und bleiben bis dahin verborgen, zum Beispiel, daß du als Ehefrau kratzbürstig und übertrieben sauber bist.

Probleme

Ein Problem zeigt eine Unklarheit auf – man ist nicht mit allem im reinen, man ist nicht im Fluß.
Ein Problem zeigt auf, daß wir etwas nicht bewältigt haben. Es weist einen Teil von uns auf, dem wir nicht mit Ehrlichkeit begegnet sind. Ein Problem ist meistens eine Lüge.
Probleme entstehen dadurch, daß wir uns mit verschiedenen Dingen nicht auseinandersetzen und die nötigen Lernschritte auf die lange Bank schieben.
Ein Problem zeigt auf, wo Lernen nicht stattgefunden hat, wo wir möglicherweise das Lernen verweigert haben.
Durch ungelöste Probleme geraten wir in eine innere Disharmonie. Gegen diese Disharmonie wehrt sich unser Wesen,

indem es die Probleme an die Oberfläche bringt, so daß die Umwelt immer häufiger auf diese Probleme reagiert. Je häufiger unsere eigenen Probleme von anderen angesprochen werden, um so deutlicher wird die eigene Unbewußtheit in diesem Punkt.
Je mehr Probleme jemand aufschiebt, desto weiter kommt er aus seiner Harmonie.
Ein Problem bleibt so lange bestehen, bis man sich bewußt darüber ist, daß man ein Problem hat. Gesteht man sich dieses Problem ein, ist es meistens schon halb gelöst. Das Sicheingestehen eines Problems verlangt unsere schrankenlose Ehrlichkeit uns selbst und anderen gegenüber.
Indem man seine Probleme bewältigt, findet man wieder in seine Harmonie zurück, und der Bewußtseinsprozeß kann weiterschreiten.

Programme

Programme sind das Ergebnis der von unseren Eltern oder anderen Bezugspersonen uns eingegebenen subtilen, umfassenden Gedankenstrukturen. Sie äußern sich in bestimmten Verhaltens-, Reaktions- und Lebensweisen, die unseren Umgang mit dem Leben (oft ein ganzes Leben lang) bestimmen – ohne daß wir in den meisten Fällen von ihrer Existenz wissen.
Gerade als Kleinkinder waren wir sehr sensibel für diese Programmierungen.
Auch die sozialen Strukturen werden Kindern über diesen Weg eingegeben.
Die meisten unserer Programme haben wir durch Nachahmen unserer Eltern (oder anderer Bezugspersonen) oder durch starke Wünsche der Eltern übernommen – auch unsere entgegengesetzten Programme. Am meisten nehmen wir von dem Elternteil an, den wir toll finden oder vor dem wir uns fürchten.
Bei einem Programm verhältst du dich bei ähnlichen Auslö-

sern in einer vorprogrammierten Weise immer gleich. Wenn du beispielsweise von jemandem enttäuscht bist, nimmst du immer eine ablehnende Haltung ein. Manche Programme brauchen auch keinen Auslöser, um abzulaufen, beispielsweise das Programm »Sich nur ums Geld kümmern« oder »Seinen Körper fortlaufend vernachlässigen«.

Programme müssen nicht eingeübt werden, um immer da zu sein. Manche kommen erst nach Jahren zur Wirkung, wenn ein bestimmtes Alter erreicht oder eine bestimmte Situation eingetreten ist. Zum Beispiel: Jemand steht nach langer Ausbildung mit beiden Beinen im Berufsleben, und jetzt beginnt sein Programm zu laufen »Erfolg ist das Wichtigste für einen Mann«, oder bei der ersten längeren Beziehung erscheint auf einmal wie aus dem Nichts das Programm »Wenn du einen Partner hast, mußt du auch heiraten«.

Mit deinem Willen kannst du nur schwer auf ein Programm einwirken. Solange du ein bestimmtes Programm nicht hinterfragst und es aufarbeitest, hast du kaum eine Möglichkeit, es loszuwerden.

Wenn du deine Programme nicht entdeckst, fühlst du dich vermeintlich frei und agierst doch nur als Marionette vergangener, äußerer Einflüsse.

Projektion

Wenn du bei dir etwas nicht siehst oder nicht sehen kannst oder es bei dir verleugnest oder versteckst, siehst du es verstärkt in anderen. Dabei kann es natürlich vorkommen, daß das, was du bei anderen siehst, bei ihnen gar nicht vorhanden ist, ebenso stark wie bei dir da ist oder bei dir im stärkeren Maß vorhanden ist.

Eine Projektion erkennst du an deiner emotionalen Betroffenheit. Wenn du bei anderen etwas siehst, was dich nervt, ärgert, fuchsig oder traurig macht, oder es dir wichtig erscheint, selbst nicht so zu sein, kannst du davon ausgehen, daß das Geschehene mit dir etwas zu tun hat.

Alles, was dich kratzt, beißt oder juckt, hat mit dir zu tun!
Die Projektion ist ein Schutzmechanismus, um mit deinen eigenen negativen Werten oder deinem Schatten nicht in Kontakt zu kommen.
Du kannst Projektionen gut dafür benutzen, um unerkannte und unentdeckte Teile von dir wiederzuentdecken, indem du deine Projektionen auf dich zurücknimmst. Es verlangt Mut und Ehrlichkeit, deine Projektionen vor dir selbst zuzugeben, denn du hast sie ja nicht umsonst nach außen verlagert.
Je weiter du in deiner Selbsterkenntnis bist, desto klarer kannst du andere wahrnehmen, ohne zu projizieren.

Rolle

Wir Menschen befinden uns fast immer in bestimmten – meistens sozialen – Rollen wie zum Beispiel Mutter, Kind, Lehrer, Chef usw., um

- gewisse Formen des Zusammenlebens zu vereinfachen und zu verwirklichen,
- uns zu erfahren,
- uns zu verwirklichen,
- um unser Sein zu erweitern.

Jede dieser Rollen stellt eine Herausforderung für uns dar, neue Seiten an uns zu entdecken und zu entwickeln.
Eine Rolle kann aber auch dazu dienen, daß ein Mensch bestimmte Teile von sich eher ausklammert oder versteckt. Die Chef-Rolle kann man zum Beispiel dazu benutzen, keine Unsicherheit mehr aufkommen zu lassen, oder die Rolle der immer verständnisvollen Mutter, um seine Wertungen und Urteile zu verstecken.
Die Kunst ist, bei jeder Rolle so frei zu bleiben, daß man darin alles leben darf, was in einem ist, und sich nicht von den Vorstellungen über diese Rolle bestimmen läßt, die sowohl von einem selbst als auch von der Gesellschaft kommen können. Zwei Beispiele: Ein Mann in der Rolle des Chefs

erlaubt sich auch seine Unsicherheit zu zeigen, oder eine Frau in der Rolle der Mutter erlaubt sich auch kindisch zu sein.
Außer den sozialen Rollen gibt es auch die psychischen Rollen wie zum Beispiel die Opfer-Rolle. Diese dienen dazu,
- um gewissen Wahrheiten auszuweichen,
- um ein vereinfachtes Bild von sich abzugeben, zum Beispiel die coole Frau, oder um vor seiner eigenen Realität zu flüchten,
- um beispielsweise seinem Schatten nicht begegnen zu müssen: Der »Helfer« flüchtet vor seinem Egoismus,
- um etwas zu bekommen wie zum Beispiel die Rolle des »braven Kindes«, um dafür gemocht zu werden.

Seins-Zustände

Distanziert-Sein
In diesem Zustand nimmst du eine gewisse Entfernung zu etwas oder jemand ein, um eine Berührung (gefühlsmäßig oder körperlich), unliebsame Gefühle oder bestimmte innere Zustände, wie zum Beispiel unglücklich sein, zu vermeiden. Dazu nimmst du bestimmte innere Haltungen ein:

> Der andere geht mich nichts an,
> der andere ist meiner Nähe/Liebe nicht wert,
> der andere ist mir zu blöd, uninteressant oder ähnliches
> oder ich bin seiner Nähe/Liebe nicht wert.

Man sieht den anderen nicht als ein Gegenüber und schiebt bestimmte Rollen dazwischen, in denen man unter oder über dem anderen steht. Oder man läßt keine Wärme oder Zuneigung zu. Oder man trifft jemand nur selten und immer nur kurz oder redet nur über Sachfragen, so daß keine Nähe entstehen kann. Auf diese Art treten auch keine Konflikte auf, die ebenfalls zur Nähe führen könnten.
Trotzdem kann dieser Kontakt von außen recht gut aussehen und jeden der Gesprächspartner glauben machen, daß sie sich nahe sind.

In-Liebe-Sein
Wenn du in Liebe bist, bist du in einem Zustand der wachsenden Offenheit. Alles darf in dich herein, das heißt dich berühren, und alles darf ungeschminkt aus dir herausfließen. Du brauchst dich nicht zu verkünsteln oder zu verstellen, du bist einfach so, wie du im jeweiligen Moment bist. Damit wirst du nicht nur in deinen Sonnenseiten, sondern auch in deinen Schattenseiten sichtbar.
Je offener du bist und je länger du offen bleiben kannst, desto mehr bist du in Liebe.
Du hast die Bereitschaft, auch die anderen in ihren Sonnen- und Schattenseiten zuzulassen und sie darin anzunehmen – oder es zumindest zu lernen, falls du es noch nicht kannst –, ohne dich abzuwenden. Das heißt nicht, daß du deine Grenzen nicht zeigst. Dein Ziel ist jedoch, sie zu erweitern.
Gleichzeitig bist du in einem Zustand des Lernens. Du bist bereit, all das zu ver-lernen oder zu überwinden, was dich am Leben oder am Lieben hindert.
Alles, was du tust, orientiert sich an der Liebe. Du willst nichts mehr tun, was dich von der Liebe entfernt.

Offen-Sein
Diesen Zustand mußt du dir meistens erarbeiten und gleichzeitig lernen, alles abzubauen, was dich wieder zugehen läßt.
Wenn du offen bist, bist du in einem Zustand, wo alles in dich rein darf und dich berühren darf, und wo alles von dir nach außen darf und du dich in allem ausdrücken darfst.
Wenn du offen bist, hast du die Bereitschaft, dein Inneres zu zeigen – und zwar unkontrolliert –, wie es gerade in dir ist. Dabei hast du ein Ja für das, was in dir ist, und ein Ja zu dem, was im anderen ist. Du hast keine Hemmungen, im anderen etwas auszulösen.
Wenn du offen bist, hast du keine Schwierigkeiten, unter Menschen zu sein. Die anderen dürfen dich sehen, und du siehst die anderen. Die Schwierigkeiten liegen dann eher in der Richtung, daß du bei den anderen nicht ankommst.

Es gibt verschiedene Grade des Offen-Seins: Du bist absolut offen, wenn dein Körper, dein Sein alles ausdrückt, was in dir ist – durch Worte, Haltungen, Gestik –, und deine Ausstrahlung und deine Sinne soweit geöffnet sind, daß du alles um dich herum wahrnimmst.

Auf dem Weg dorthin gibt es viele Abstufungen. Wenn jemand zum Beispiel bewußter ist, ist sein Offen-Sein weitreichender, da er mehr von sich und anderen wahrnimmt und damit auch ausdrücken kann.

Außerdem hängt der Grad deiner Offenheit davon ab, wieviel Angst du hast, wieviel Risiko du eingehen magst, zum Beispiel, daß sich der andere an deinen Worten verletzt, ob du Probleme oder Schwierigkeiten im anderen auslösen darfst, ob du dir zutraust, anderen deine wahren Gefühle zu zeigen, ob du bereit bist, gewisse Konsequenzen, zum Beispiel abgelehnt zu werden, zu tragen.

Die Lernschritte dahin sind zum Beispiel die, daß dein Reden und Denken und dein Reden und Fühlen eins werden, so daß du eines Tages das sagst, was du denkst und fühlst.

Offen-Sein ist ein sehr heilsamer Zustand – auch körperlich –, da in diesem Zustand die Energien auf allen Ebenen besser fließen.

Wenn du ganz offen bist, löst es in dir den Wunsch aus, bewußter zu werden, zu lernen und verstehen zu wollen.

Mit-sich-verbunden-Sein

Du bist dann mit dir verbunden, wenn du mit deiner eigenen inneren Wahrheit verbunden bist.

Zu dieser Wahrheit gibst du nichts dazu: Du bist zum Beispiel nicht netter, als es in dir ist – und du nimmst auch nichts weg, du machst dich nicht kühler, als du bist. Das heißt: Du bist ehrlich in deinem Sein.

Das setzt voraus, daß deine Wahrheit nicht durch eine Rolle, einen Anspruch oder durch bestimmte Ängste oder andere bewußtseinstrübende Mittel wie Vorurteile, Projektionen oder durch ein falsches Selbstbild getrübt wird.

Das heißt aber auch, daß du dir treu bleibst, nicht gegen dich handelst, daß du zum Beispiel nicht zu jemandem freundlich bist, den du nicht ausstehen kannst.
Mit anderen Worten: Du fühlst deine Wahrheit und stehst zu ihr.
Deine Wahrheit kann alles sein, sie kann sogar heißen: »Ich kenne meine Wahrheit im Moment nicht.«

Verschlossen-Sein
Das ist ein Zustand, in dem du bestimmte Erfahrungen nicht machen willst, bestimmten Gefühlen oder Schmerzen oder einer Auseinandersetzung aus dem Weg gehen willst, nicht lernen willst oder dich nicht ohnmächtig erleben willst und dich daher *vorher* verschließt.
Du tust das ganz aktiv mit gewissen ablehnenden oder verschließenden Gedanken, Körperhaltungen und Vorstellungen.
Je nach Neigung verspannst du dabei die Schultergegend, das Becken, den Brustkorb, deinen Kopf oder die Knie.
Du lehnst dabei praktisch das ab, was zu dir kommen würde, indem du schon vorher etwas dagegen aufbaust. Innerhalb einer Erfahrung wird es dir schwerer gelingen.
Sich zu verschließen kannst du natürlich auch als Machtmittel einsetzen.
Wer sich schon in seiner Kindheit verschlossen hat und als Erwachsener immer noch in einem gewissen Umfang verschlossen ist, hat einen festen Entschluß in sich, sich nicht zu öffnen und frischt diesen Entschluß von Zeit zu Zeit durch bestimmte Erfahrungen wieder auf, die durch bestimmte Gedanken provoziert werden wie zum Beispiel: »Man kann niemand vertrauen.« Natürlich kann man sich diese Haltung jederzeit bestätigen.
Die Grundverschlossenheit ist bei einem Menschen meistens sehr eingeschliffen. Sie verlangt viel Selbstarbeit, um darüber hinwegzukommen. Zum Beispiel müßte jemand möglicherweise akzeptieren, daß Menschen immer wieder enttäuschend sind und daß das Leben auch von Zeit zu Zeit weh tut, und

er müßte lernen, sein Leben so zu gestalten, daß die Freude überwiegt.

Zurückgezogen-Sein
In diesem Zustand hast du dich von jemand oder einer Sache zurückgezogen – *ohne* dich dabei zu verschließen.
Du hast das Interesse verloren oder willst Abstand gewinnen oder willst nicht immer wieder mit dem gleichen konfrontiert werden, zum Beispiel, daß dich jemand immer wieder nicht versteht oder dich nicht an sich heranläßt usw.
Dieser Zustand ist jedoch seltener als das Verschlossen-Sein, da er eine gewisse Reife und Fähigkeit verlangt, trotz allem offen zu bleiben.
Es ist sehr viel leichter, sich vom Zustand des Zurückgezogen-Seins als vom Zustand des Verschlossen-Seins wegzubewegen.

Standpunkte

Ein Standpunkt ist ein Ort, der zeigt, wie du innerlich zu etwas oder zu jemandem stehst.
Es ist eine Kunst, einen Standpunkt in sich zu entdecken und zu äußern. Häufig verdrängen Menschen ihre Standpunkte, weil sie die Konsequenzen fürchten.
Um einen Standpunkt kennenzulernen, solltest du immer alle inneren Instanzen befragen: deine Gefühle, deine Gedanken, deinen Körper usw., um zu einem einheitlichen Standpunkt zu kommen.
Wenn du einen Standpunkt einnimmst, wirst du für dich und andere sichtbar.
Es ist sehr wichtig, daß du zu allem einen Standpunkt einnimmst, damit du erkennen kannst, wo du wirklich stehst.
Denn ohne deine Standpunkte kannst du alles in dich hineindenken. Solange du zu Menschen keinen Standpunkt einnimmst, kannst du immer behaupten, du seist tolerant. Wenn du jedoch Standpunkte einnimmst, kann dabei herauskom-

men, daß du jemand nicht annehmen kannst, weil er raucht, den anderen nicht, weil er ständig dumme Fragen stellt, einen weiteren nicht, weil er faul ist. Erst jetzt kannst du erkennen, daß du doch gar nicht so tolerant bist.

Wichtig sind deine Standpunkte auch, um deine Welt zu formen, indem du in jede Richtung Einfluß auf deine Umwelt nimmst. Damit gibst du den anderen die Chance zu wachsen.

Verallgemeinerungen

Verallgemeinerungen sind eine spezielle Art von Vorurteilen. Du wendest dabei eine Erfahrung, die du einmal gemacht hast, auf immer an. Beispielsweise erlebst du einmal jemanden als kleinlich, für dich ist er ab dem Moment immer kleinlich.

Verhaltensweisen

Verhaltensweisen sind Formen, wie du dem Leben begegnest und wie du dich verhältst, um gewisse innere und äußere Konflikte zu bewältigen oder ihnen scheinbar aus dem Weg zu gehen. Meistens hast du sie dir durch Abschauen bei deinen Eltern oder unseren Bezugspersonen erworben.

Durch deine Verhaltensweisen wirst du sichtbar, und gleichzeitig besteht die Gefahr, daß sie erstarren, sich verselbständigen und zu Mustern werden. Es kann soweit gehen, daß eine Verhaltensweise stärker wird als du. Wenn dir zum Beispiel jemand sagt, wie er dich sieht, und du jedesmal beginnst, dich automatisch zu verteidigen, selbst wenn du dich gar nicht angegriffen fühlst – du kannst nicht mehr anders.

Der Nachteil einer Verhaltensweise ist, daß sie keine unmittelbare Reaktion von innen heraus darstellt, sondern ein vorgegebenes Konzept ist, zum Beispiel bei allen Menschen freundlich zu reagieren, selbst bei denjenigen, die eigentlich ganz andere Gefühle, zum Beispiel Ärger in einem auslösen.

Jede Verhaltensweise hat eine innere Wurzel. Wenn du dich zum Beispiel geizig verhältst, steht die Angst dahinter, zu kurz zu kommen oder nicht soviel zu bekommen wie ein anderer, oder wenn du abwehrst, hast du sehr wahrscheinlich den inneren Wunsch, ein gutes Bild von dir abzugeben – oder es zeigt deinen schlechten Selbstwert.

Viele Verhaltensweisen stehen der Liebe im Wege: Nicht-bewußt-werden-Wollen, Nicht-sehen-Wollen, Nicht-bewußt-machen-Wollen und alle Verhaltensweisen, die in Richtung Verschließen gehen: Hart-Machen, Nicht-Fühlen, Recht-haben-Wollen, Kämpfen, Nur-auf-sich-bezogen-Sein, Materialistisch-Sein.

Vorstellungen

Vorstellungen sind Bilder, die du zwischen dich und deine Realität stellst. Dadurch machen Vorstellungen auch blind für das Eigentliche – und das ist das einzig Fatale daran.

Hättest du zum Beispiel die Vorstellung, daß du nur alleine glücklich sein kannst, könntest du in einer Gruppe, in der du dich befindest, nur sehr schwer das »andersgeartete« Glück des Miteinanders sehen, sondern würdest eher sehen, daß deine Freiheit eingeschränkt ist und du nicht mehr tun und lassen kannst, was du willst.

In einer Vorstellung liegt jedoch auch eine große Chance: Wenn du dir vorstellen kannst, anders zu sein, kann etwas Neues mit dir passieren.

Häufig fordert jemand, der Vorstellungen hat, die Welt und seine Mitmenschen auf, sich nach seinen Vorstellungen auszurichten und ist dann böse, wenn das nicht geschieht.

Eine Vorstellung kann auch zu einem Muster werden: Hat ein Mann beispielsweise die Vorstellung, daß ihn eine blonde Frau, wenn er sie kennenlernt, enttäuschen wird, so wird er, wenn er dieser Frau begegnet, eher mißtrauisch sein. Das hat zur Folge, daß er nicht mehr so attraktiv ist und eher abgelehnt wird. Seine Erfahrung bestätigt seine Vorstellung, so daß er

*Vorurteile sind ein großes Hindernis,
um sich zu erweitern.*

bei jeder blonden Frau automatisch schüchtern ist und nicht ankommt.

Vor-Urteile

Vor-Urteile sind Urteile, die du sowohl in »negativer« wie auch in »positiver« Richtung fällst, bevor du zu einer Sache oder einem Menschen Kontakt hattest, und wonach du in den meisten Fällen deine Wahrnehmung einstellst.
Das hat dann meist zur Folge, daß du bei deinem Urteil bleibst und dir im Kontakt nur noch dein Vor-Urteil bestätigst.
Es ist total okay, Vor-Urteile zu haben, denn unser Verstand liefert uns – so schnell, wie er kann – für jede Lage die entsprechenden Bilder, die uns dann urteilen lassen. Diese Vor-Urteile kannst du höchstens verstecken oder sie dir nicht bewußt machen. Wenn du sie zuläßt, sind sie einfach da.
Was du lernen kannst, ist, Vor-Urteile zu haben und trotzdem offen für das zu bleiben, was sich im Kontakt mit einer Sache oder einem Menschen verändert, und selbst dann noch offen für Neues zu bleiben, wenn sich dein Vor-Urteil bestätigt.
Manchmal entstammen die Vor-Urteile auch alten Erfahrungen, oder wir haben sie einfach von anderen Menschen (Eltern, Freunde, Bekannte, Kollegen usw.) übernommen.
Vor-Urteile über Gruppen, denen man nicht zugehört – aber auch denen man zugehört – zum Beispiel: Arbeiter sind dumm, Reiche sind faul –, sitzen meistens besonders tief, weil sie oft jahrelang eingeübt wurden. Sie sind sehr viel schwerer veränderbar.
Schwierig wird es, wenn sich immer mehr Vor-Urteile überlagern und es dieser Mensch nicht mehr schafft, sie durch Erfahrungen abzubauen. Diesen Vorgang kann man deutlich bei älteren Menschen erkennen, die nur noch aus ihren Vor-Urteilen heraus reagieren und gar nichts Neues mehr an sich heranlassen können. Dadurch wirken sie sehr verschlossen.

Du bist mehr als die Summe deiner einzelnen Teile

Obwohl ich dir empfehle, dich genauestens in allen deinen einzelnen Teilen oder Anteilen (der großzügige, der geizige, der friedliche Teil usw.) wahrzunehmen und anzuschauen, will ich dir den Gedanken näherbringen, daß du ein *Ganzes* bist.

Du bist *mehr* als deine einzelnen Anteile! Um dir ein Beispiel zu nennen: Brot ist mehr als Mehl und Wasser. Dieses Mehr ist das Lebendige, das Göttliche.

Dein Ganzes drückt etwas aus, was die Einzelteile nicht ausdrücken. Gleichzeitig erschafft die Summe all deiner Teile Möglichkeiten, die keines der einzelnen Teile für sich hat. Das heißt: Wenn du verhaftet bleibst, ausschließlich deine einzelnen Teile anzuschauen, kannst du dich nicht als Ganzes wahrnehmen. Du kannst dich aber auch dann nicht als Ganzes wahrnehmen, wenn dein Blick auf dich verstellt ist, weil du manches oder vieles an dir nicht sehen willst. Das heißt: Du mußt diese verdrängten, versteckten Teile wieder ans Licht holen, um dich überhaupt als Ganzes sehen zu können.

Indem du immer wieder neue Eindrücke von dir zuläßt und gewinnst, immer wieder andere Bilder von dir siehst, kannst du dich eines Tages als ganzes Wesen, das dich ausmacht, sehen, begreifen und zum Ausdruck bringen.

Das Ziel jeden Weges ist, *ganz zu sein* und *sich ganz zu sehen*, so daß die Wahrnehmung deiner selbst und der Ausdruck deiner selbst vollkommen ist.

*Sehen
braucht immer eine innere Berührung,
damit wir die Wahrheit
von den Trugbildern unterscheiden können.*

Die verschiedenen Arten des Sehens

Sehen ist tatsächlich nicht gleich sehen!
Es gibt vier Arten des Sehens, die unterschiedliche Qualitäten und Entwicklungsgrade darstellen:

>das mechanische Sehen,
>das verstandesmäßige Sehen,
>das körperliche Sehen,
>das Sehen mit dem Herzen.

Als Kind beginnen wir mit dem *mechanischen Sehen* und wachsen allmählich mit Hilfe unserer Umwelt, vor allen Dingen der Schule, in das *verstandesmäßige Sehen* hinein. Leider bleiben sehr viele Menschen auf dieser Ebene des Sehens stehen, da sie glauben, schon alles zu sehen, was man sehen kann, oder glauben, daß es nicht mehr zu sehen gibt.

Wir können unser Sehen jedoch noch wesentlich vertiefen und erweitern, wenn wir es schaffen, die Ebene des *körperlichen Sehens* zu erreichen. Dazu ist es nötig, daß wir unseren Brustkorb öffnen, damit wir fühlen können, was unser Körper zu dem, was wir sehen, empfindet, und damit wir auch den Mut haben, es zu fühlen. Der Brustkorb ist häufig aus der Angst heraus, zu fühlen, seine Gefühle zu zeigen oder überhaupt berührbar zu sein, blockiert. Das heißt: Für diese Ebene des *körperlichen Sehens* müssen wir offen und berührbar sein für das, was wir sehen.

Das *körperliche Sehen* ist schon viel umfassender als die ersten beiden Ebenen, weil unser Körper eine wichtige Informationsquelle ist. Er kann uns Wissen vermitteln, das weit über unseren Verstand hinausgeht. Dadurch sieht ein Mensch einfach mehr und tiefer.

Bei vielen Menschen ist aber das *körperliche Sehen* unterdrückt, da sie nicht offen sind, nicht fühlen wollen oder nicht bereit sind, über ihr Denken hinauszugehen.

Die letzte und höchste Ebene des Sehens ist die, mit dem

Herzen zu sehen. Bei dem *Sehen mit dem Herzen* ist das ganze menschliche System beteiligt: die Augen, das Gehirn, der Verstand, der Körper, die Gefühle, das Herz.

Für dieses Sehen braucht ein Mensch ein offenes Herz und einen Bauch, der frei von Blockaden ist, damit alle Impulse und gefühlsmäßigen Regungen sich ungehindert ausbreiten können.

Um diese ideale Ebene des Sehens zu erreichen, bedarf es vieler wichtiger Lernschritte:

Abbau

- von Werten wie positiv – negativ, gut – schlecht,
- von Vorurteilen,
- von negativen Bildern, Vorstellungen, Projektionen,
- von Desinteresse,
- von Programmen wie
    nicht sehen
    nicht hören
    nicht fühlen
    nicht spüren
  wollen.

Entwicklung

- von Aufrichtigkeit, vor allen Dingen sich selbst gegenüber,
- von Offenheit, sich selbst und anderen gegenüber,
- von der Bereitschaft, ein liebender Mensch zu sein.

Für diese Lernschritte braucht man Anleitungen, am besten von einem Lehrer, der sich schon auf dieser Ebene des Seins und Sehens befindet, und den Wunsch, mehr sehen zu wollen. Das Sehen selbst kann uns niemand durch irgendwelche Rezepte vermitteln, man kann es nur selbst erfahren. Ein Lehrer kann einem Menschen jedoch aufzeigen, was seinem reinen Sehen im Wege steht. Ohne Lehrer ist es sehr viel schwieriger und dauert viel länger, da man allein sehr viel mehr Umwege und Irrtümer macht.

Je höher die Ebene des Sehens, desto mehr Zeit und Kontakt braucht es, um etwas oder jemanden anzuschauen.

Auf jeder Ebene des Sehens können Störungen in Form von Wertungen, Vorurteilen, Ablehnung, Nicht-fühlen-Wollen oder Nicht-sehen-Wollen auftreten, die dazu führen, daß jemand den Kontakt zu dem, was er sieht, unterbricht und dadurch in die vorherige Ebene des Sehens zurückfällt.

Diese Störungen lassen sich mit der Zeit abbauen, indem man die Störungen bewußt wahrnimmt und sich trotz der Störung nicht davon abhalten läßt, weiterhin *innerlich* hinzuschauen.

Wie weit jemand jedoch in seinem Sehen kommt, hängt sehr davon ab, wieviel Bewußtsein er über sich zulassen will.

Das mechanische Sehen

Beim mechanischen Sehen sind nur die Augen und das Gehirn beteiligt, der Verstand jedoch noch nicht.

Zum Beispiel:
Ich sehe einen Baum.
Mehr nicht. Ich denke nichts dazu und bin auch gefühlsmäßig nicht beteiligt.

Oder:
Ich betrachte mich im Spiegel.
Ich schaue mechanisch, ob alles an mir ordentlich ist. Ich fühle nichts dazu und überprüfe auch nicht, was sich auf meinem Gesicht ausdrückt und *wie* es mir geht.

Auf dieser Ebene des Sehens haben wir als Kleinkinder alle begonnen. Das Baby empfindet auf dieser Ebene gleichzeitig noch stark seinen Körper, was mit der Zeit jedoch meistens vergeht. (Eine andere Erziehung, die das Augenmerk auf den Körper als Empfindungsorgan richtet, könnte dazu beitragen, daß dies dem Kind erhalten bleibt.)

Aber auch Erwachsene beginnen häufig auf dieser Ebene und

wechseln dann zur nächsthöheren, je nach ihrem Entwicklungsstand und der Bereitschaft, sich tiefer – mit dem Verstand, dem Körper und dem Herzen – auf das Gesehene einzulassen.

Hat jemand jedoch eine momentane oder dauerhafte Störung bezüglich dem, was er gerade betrachtet, bleibt das Sehen auf dieser Ebene stehen:

Zum Beispiel:
Bäume langweilen mich oder interessieren mich nicht.

Oder:
Ich will auf keinen Fall etwas von mir denken oder wahrnehmen, ob ich dick oder häßlich bin.

Diese möglichen Störungen halten einen Menschen im mechanischen Sehen. Er wird also weder etwas dazu denken noch empfinden und auch sein Herz für das, was er sieht, nicht öffnen.

Das verstandesmäßige Sehen

Beim verstandesmäßigen Sehen denkt sich jemand zu dem, was er sieht, etwas dazu. Er ordnet außerdem die Tatsachen, die er sieht, gedanklich ein und versteht sie im technischen Sinne.

Zum Beispiel:
Ich sehe einen Baum.
Ich denke, daß der Baum ein Lebewesen ist und assoziiere mit dem grünen Baum Sauerstoff, Erholung, Frühling, Wärme usw. Ich denke, daß er wichtig für mich ist.

Oder:
Ich sehe mich im Spiegel.
Ich sehe, daß meine Haare fettig sind, ich denke, daß ich wieder einmal ungepflegt bin. Meine Nase finde ich ungewöhnlich breit, ich lehne mich ab dafür.

Diese Ebene des Sehens entwickelt sich bei Kindern fast automatisch, sie wird jedoch in der Schule besonders gefördert.

Leider bleiben die meisten Menschen auf dieser Ebene des Sehens stehen, da sie entweder nichts anderes kennen oder aus einer gewissen Interesselosigkeit heraus auch nicht tiefer sehen wollen. Außerdem ist diese Art zu sehen gesellschaftsüblich und allgemein anerkannt.

Die meisten Kritiker befinden sich auf dieser Ebene und wissen gar nicht, daß sie noch viel mehr sehen könnten und damit zu anderen Ergebnissen kommen würden.

Auch auf dieser Ebene kann ein Mensch eine momentane oder dauerhafte Störung haben:

Zum Beispiel:
»Negative« Assoziationen zu dem Baum: Der Baum schadet mir, er nimmt mir Licht weg, er ist bestimmt giftig.

Oder:
Ich mag nicht sehen, daß ich ungepflegt bin oder mich ablehne.

Wenn jemand durch die auftretende Störung den Kontakt zu dem, was er sieht, unterbricht, kann er sein Sehen nicht vertiefen und in die körperliche Ebene des Sehens hinüberwechseln. Dadurch fehlt ihm dann der Motor, zu lernen und über gewisse Dinge hinauszuwachsen, zum Beispiel zu lernen, sich zu pflegen oder sich anzunehmen, denn er will ja noch nicht einmal sehen, daß er so mit sich umgeht.

Das körperliche Sehen

Das körperliche Sehen beinhaltet neben dem verstandesmäßigen Sehen, daß mich das, was ich sehe, sowohl gefühlsmäßig als auch körperlich spürbar bewegt, so daß ich es auf einer tieferen Ebene verstehen kann.

Zum Beispiel:
Ich sehe einen Baum.
Ich spüre seine sanfte Energie und nehme ihn als Lebewesen wahr. Mein Atem wird tiefer, große Freude taucht

in mir auf. Gleichzeitig erkenne ich, wie notwendig jeder
Baum für mich ist.
Oder:
Ich betrachte mich im Spiegel.
Ich erfasse meinen Zustand, zum Beispiel, daß ich krank
aussehe, und das schmerzt mich. Ich finde heraus, wo
ich stehe und was ich brauche. Ich empfinde Mitgefühl
mit mir. Meine Brust weitet sich.

Den meisten Menschen ist bisher nicht bekannt oder zumindest nicht bewußt, daß auch ihr Körper sehen kann. Beim körperlichen Sehen ist der ganze Körper beteiligt und gibt eindeutige Signale. So verkrampft sich zum Beispiel der Magen, das Herz schlägt schneller oder die Lunge reagiert, indem der Atem enger wird.
Die Organe haben bessere Möglichkeiten zu sehen und daraus zu lesen. Sie erfahren viel unmittelbarer, da sie nicht den Umweg über den Verstand brauchen, nicht verbildet sind und auch keine Wertungen oder Vorurteile haben. Sie sind die Instanzen, die zuerst sehen, dann erst kommen die Bilder.
Dieses körperliche Sehen ist bei vielen Menschen sehr unterdrückt. Unter anderem deshalb, weil sie nicht offen sind und sich dadurch besonders im Brust- und/oder Bauchbereich verschlossen haben oder durch innere Ablagerungen, durch Verspanntsein oder Kranksein einen sehr dichten, undurchlässigen Körper haben, der sie wenig empfinden läßt. Denn ein verschmutzter, verspannter oder kranker Körper macht es sehr viel schwieriger, ihn zur Wahrnehmung heranzuziehen. Es ist so ähnlich, als hätten wir vor unseren Augen einen Ölfilm. Die Energie des Körpers würde sich dann damit befassen, den Schleier zu beheben, aber kaum damit, Dinge wahrzunehmen. Eine mögliche Störung auf dieser Ebene des Sehens wäre dann, daß jemand seinen Körper zur Wahrnehmung nicht zur Verfügung hat. Es kann aber auch sein, daß jemand kein Gefühl für sich oder irgend etwas zulassen will oder sich einfach keine Zeit nimmt, um tiefer zu sehen.

*Erst, wenn du mit dem Herzen siehst,
ist dein Sehen rein.*

Das Sehen mit dem Herzen

Das Sehen mit dem Herzen ist ein ganzheitliches Sehen, da alle inneren Instanzen mitwirken. Bei diesem ganzheitlichen Sehen stimmt alles überein und paßt zusammen: die Eindrücke, die Gedanken, die Gefühle. So entsteht ein ganzheitliches Bild für den Sehenden. Es ist ein reines Sehen, ein Erfassen der Realität ohne Projektionen.

Diese Ebene des Sehens ist die höchste Form des Sehens – ausgenommen der Zustand des Erleuchtetseins, der über diese Ebene noch hinausgeht.

Zum Beispiel:

Ich sehe einen Baum.

Ich bin ganz offen für ihn. Ich sehe und erkenne sein Wesen. Ich sehe, ob er krank oder gesund ist. Ich sehe, was er braucht. Ich gehe in Kontakt mit ihm und kann möglicherweise mit ihm sprechen. Ich fühle mich zu ihm hingezogen oder nicht. Ich empfinde Zuneigung oder Mitgefühl. Ich liebe ihn.

Oder:

Ich sehe mich im Spiegel.

Ich bin offen für mich. Ich sehe mich als das Wesen, das ich bin. Ich sehe alles von mir und spüre, was im Moment mit mir los ist, dabei bleibe ich nicht an meinem Äußeren hängen. Ich empfinde Wärme für mich, oder es schmerzt mich, mich so zu sehen. Ich liebe mich.

Um auf diese Ebene des Sehens zu kommen, muß sich ein Mensch soviel Bewußtsein über sich selbst erarbeitet und sich so weit geöffnet haben, daß er sich selber sehen kann und sich im Zustand der Liebe befindet. Denn nur im Zustand der Liebe sieht man mit dem Herzen, und nur dann sieht man klar.

Selbst wenn sich jemand im Zustand der Liebe befindet, braucht er viel Zeit und die Bereitschaft, um den Kontakt, zu dem, was er sieht, herstellen und vertiefen zu können.

Eine mögliche Störung auf dieser Ebene wäre dann, daß sich jemand noch nicht selbst sehen kann und verschlossen ist.

Zum Beispiel:
   Ich spüre starken Schmerz, wenn ich den Baum so sehe und werde mir meiner Verantwortung für die Natur bewußt. Das löst so viele Schuldgefühle in mir aus, daß ich den Kontakt zum Baum abbreche und mich ihm verschließe.

Oder:
   Ich sehe meinen eingegrabenen Schmerz oder meine Verbitterung. Diese Zeichen will ich jedoch nicht wahrhaben und auch nicht spüren. Ich unterbreche den Kontakt zu mir, indem ich mich verschließe.

Mit jeder nächsthöheren Ebene des Sehens muß ein Mensch ein Stück seiner persönlichen Macht aufgeben, einfach weil er mehr sieht und dadurch mehr erkennt.

Siehst du zum Beispiel einen Baum *mechanisch*, kannst du alles mit ihm tun: ihm die Zweige abschneiden, seine Rinde einritzen, ihn fällen, verbrennen, zerhacken usw.

Siehst du ihn *verstandesmäßig*, wirst du schon darüber nachdenken, ob es sinnvoll ist, ihm die Zweige abzuschneiden oder ihn zu fällen. Du wirst sicherlich nicht mehr alles mit ihm tun, so wie du es dir gerade vorstellst. Auf der anderen Seite wirst du schon die »richtigen« Argumente finden, um das mit ihm zu tun, was du vorhast.

Siehst du den Baum *körperlich*, fällt es dir noch schwerer, alles mit ihm zu tun, weil du für ihn etwas empfindest und ihn als Lebewesen wie dich selbst siehst. Auf dieser Ebene kannst du dir nicht mehr irgendwelche Argumente einreden, um ihn beruhigt zu verletzen oder zu vernichten.

Siehst du ihn *mit dem Herzen*, wirst du alles für ihn tun, um ihn zu schützen und sein Leben zu erhalten, und du wirst auch sehen, was er braucht, oder dich um dieses Wissen bemühen.

Da viele Menschen die Macht haben wollen, *alles* tun zu dürfen, was in ihrem (oft alleinigen) Interesse steht und ihnen diese Macht wichtiger ist als mitzufühlen und Sorge für das Wohlergehen aller Menschen und der Natur um sie herum zu tragen, sind sie natürlich auch nicht daran interessiert, mehr zu sehen. Daher ist die Ebene des Sehens auch davon abhängig, wieviel persönliche Macht jemand leben will.

Ähnliches passiert auf den unterschiedlichen Ebenen des Sehens, wenn du dich selbst betrachtest:
Siehst du dich nur *mechanisch*, kannst du je nach Lust und Laune mit dir umgehen und dich deinen Launen hingeben, ohne Rücksicht auf Verluste, dich ungesund ernähren, einfach weil es schmeckt, dich überfordern, überanstrengen, was immer: du siehst es einfach nicht und wenn doch, stellst du es ohne jedes Gefühl zu dir fest – mehr nicht. Es ist eben so.
Siehst du dich *verstandesmäßig*, beginnst du dich schon klarer zu sehen und Zusammenhänge zwischen deinem Aussehen und deinem Lebensstil oder zwischen deinem Verhalten und deinen Erfahrungen zu begreifen. Vielleicht tauchen sogar Fragen in dir auf, was du anders machen könntest usw.
Siehst du dich *körperlich*, siehst du dich noch umfassender, du merkst deutlicher, wie du dich fühlst, du bekommst auch Gefühle zu dem, was du denkst, wie du handelst, wie du dich verhältst. Du stehst dir nicht mehr gleichgültig gegenüber, du achtest mehr auf dich und handelst weniger gegen dich. Du beginnst, für dich zu sorgen.
Wenn du mit deinem *Herzen siehst*, weißt du einfach um dich und erkennst dich in allem, was dich ausmacht. Du weißt und spürst, was du brauchst und gibst es dir oder lernst es dir zu geben. Du hast warme Gefühle für dich. Das heißt, je mehr du von dir siehst, desto mehr stehst du in Verbindung mit dir. Dadurch wirst du selten gegen dich handeln oder dich mit deinen Gefühlen und Bedürfnissen außer acht lassen. Du wirst immer dein gesamtes Wohlergehen im Auge haben.

*Je weniger du dich zeigst,
desto weniger kannst du dich sehen.*

Die Erschwernisse, sich zu sehen

Es gibt vieles, das uns im Wege steht, uns neutral und angstfrei anzuschauen.

Das größte Hindernis, mit dem wir leben, ist wohl das, daß wir nicht gelernt haben, uns auf eine natürliche Weise anzuschauen und daraus zu lernen.

Hinzu kommt unsere frühkindliche Dressur, die uns klar vermittelt hat, daß wir nicht alles sein dürfen und wir unser Sein bewerten und reduzieren müssen, um verschiedenen gesellschaftlichen oder elterlichen Bildern zu entsprechen: zum Beispiel das Bild des guten Menschen oder das Bild des starken Menschen, der keine Probleme hat, oder das Bild des souveränen Menschen, der keine Schwächen zeigt (ein Indianer kennt keinen Schmerz).

Alles, was uns dazu anregte, unser Sein zu beschneiden, führte uns zu einer mehr oder weniger großen Unaufrichtigkeit, die weltweit zwischen Menschen herrscht. Sie führt aber gleichzeitig dazu, daß sich die einzelnen Menschen nicht lieben, einfach weil sie sich nicht sehen.

Erst wenn wir wissen, daß wir *alles sein dürfen*,
daß *alles*,

> was wir fühlen und empfinden,
> was wir denken,
> wie wir uns verhalten,
> was wir tun,
> was wir aufgrund unserer Geschichte geworden sind,

wert ist, angeschaut zu werden, und daß nichts davon »gut« oder »schlecht« ist, sondern einfach nur unseren Entwicklungsstand aufzeigt, der auch weder »gut« noch »schlecht« ist, können wir in Ruhe hinschauen, *wer* wir sind. Zum einen, um uns weiterzuentwickeln, zum anderen, um uns lieben zu lernen.

Das Fehlen von Anleitungen und Vorbildern

Die größte Erschwernis, sich selbst zu sehen, liegt darin, daß uns meist niemand als Kind beigebracht hat, wie man mit sich selbst in Kontakt treten und wie man sich über das Innere und alle Lebensäußerungen, die nach außen kommen, bewußt werden kann, indem man alles von der Instanz des Bewußtseins aus neutral anschaut, ohne sich zu bewerten, zu verurteilen, schlecht zu machen oder dergleichen mehr.

Genauso selten gab es jemanden, der sich uns ehrlich gezeigt hätte, der uns ehrlich mitgeteilt hätte, was er empfindet und wie er uns sieht und was wir in ihm auslösen, so daß wir uns auch nicht über andere Menschen sehen lernen konnten.

Auf diese Weise haben uns sowohl Anleitungen als auch Vorbilder gefehlt, Menschen also, die sich selber anschauen und sich anderen Menschen zeigen. So hatten wir keine Partner, mit denen wir uns gemeinsam erfahren konnten.

Statt dessen haben wir gelernt, unsere Augen nicht auf uns, sondern auf andere zu richten, um beispielsweise bei den anderen zu überprüfen, ob wir liebenswert oder annehmbar sind, oder uns zu vergleichen, oder in Konkurrenz zu gehen und uns *nicht* in allem zu zeigen.

Viele Menschen haben dadurch schon als Kinder den Blick für sich und ihre eigene Wahrheit verloren und sich als Ersatz ein perfektes Bild von sich erschaffen, das sie dann als Erwachsene – manchmal bis aufs Messer – verteidigen.

Wenn man als Kind nicht gelernt hat, sich im täglichen Leben auf eine natürliche Weise anzuschauen und mit anderen darüber in Kontakt zu treten, muß man als Erwachsener sehr viele innere Hürden überspringen, um sich selber ehrlich ins Gesicht zu schauen und auch anderen zu erlauben, daß sie uns sehen.

Kinder lernen spielend, sich anzuschauen, wenn sie dabei geliebt werden; für Erwachsene ist es jedoch dann häufig so angsterregend, daß sie diesen Schritt für sich ablehnen und lieber in Kauf nehmen, sich nicht zu entwickeln und unglücklich, krank, beziehungslos oder isoliert zu bleiben.

»Sich sehen« in Verbindung mit unangenehmen Gefühlen

Hinzu kommt, daß bei den Malen, in denen wir gesehen wurden, sich jemand über uns ärgerte, böse auf uns war, uns ablehnte oder nicht akzeptieren konnte, sich zumachte, nicht mehr mit uns redete oder uns seine Zuneigung entzog usw. Die Botschaft war immer die gleiche: So oder so darfst du nicht sein, und so oder so mußt du sein, wenn du mir gefallen willst, ich dich mögen soll usw.

Da dies sehr unangenehme Gefühle in uns auslöste, kamen wir zu dem Schluß, daß Gesehenwerden unangenehm ist. Also machten wir uns Stück für Stück unsichtbarer für unsere Umwelt, aber damit auch gleichzeitig für uns selbst.

Die anderen Situationen, in denen wir »positiv« gesehen, zum Beispiel gelobt wurden, hatten für uns den Beigeschmack, daß wir unseren Eltern oder anderen Bezugspersonen nur deswegen gefielen, weil wir so waren, wie sie uns haben wollten. Auch das löste wenig Angenehmes in uns aus.

Viele Menschen kamen durch diese Erlebnisse schon als Kinder zu dem erschreckenden Ergebnis, daß es an ihnen wohl nichts Sehenswertes zu geben scheint und lenkten ihre Aufmerksamkeit immer weniger auf sich selbst.

Als Erwachsene sind wir dann meist wenig daran interessiert, uns zu sehen, oder erwarten nur Unangenehmes, wenn wir uns anschauen, also lassen wir es lieber bleiben oder vermeiden es, so gut es geht.

Das Bewerten

Die nächste große Erschwernis, sich zu sehen, ist, daß wir schon als Kinder gelernt haben, unser Sein mit »gut« und »schlecht«, »gut« und »böse«, »positiv« und »negativ« zu bewerten: Großzügig zum Beispiel ist »gut«, kleinlich ist

»schlecht«, zurückhaltend ist »gut«, aufdringlich ist »schlecht« usw.

Dadurch, daß mit diesem Wertesystem der Druck verbunden war, nur anerkannt, akzeptiert und geliebt zu werden, wenn wir »gut«, »positiv« und »lieb« sind, haben die meisten Menschen schon als Kinder nicht mehr alles von sich zugelassen, weil sie ja auf jeden Fall angenommen und geliebt werden wollten.

Jeder Mensch ging dabei nur einen anderen Weg, der sich meist bis ins Erwachsenenalter fortsetzt: Der eine lebte sich nur noch begrenzt, ließ alles von sich weg, was »böse« oder »negativ« erscheinen könnte; der andere verstellte sich so, daß er in seinem Ausdruck künstlich wurde, aber positiv, wie gewünscht; wieder ein anderer verlor sich immer mehr, indem er sich stetig von seiner Wahrheit wegbewegte; und mancher entschloß sich, nur noch nett und höflich zu sein.

Allen Wegen ist gemeinsam, daß ein Mensch alles von sich verdrängt, ignoriert oder verleugnet, was er nach dem gelernten Wertesystem nicht sein darf. Auf diese Weise entwickelt sich sein Schatten, der um so größer ist, je mehr Teile jemand von sich versteckt.

Das Ergebnis davon ist dann, daß dieser Mensch ein sehr einseitiges Bild von sich selbst hat, was ihn auf der einen Seite zwingt, weiter so zu bleiben, ihn auf der anderen Seite aber auch in seinem Selbstausdruck behindert.

Beides führt dazu, daß sich ein Mensch nur begrenzt sehen kann und es meistens ablehnt, von anderen mit den Seiten gesehen zu werden, die er so mühevoll vor sich selbst und anderen versteckt hat.

Ein starres Selbst-Bild: Ego

Jeder von uns macht sich – bis zu einem bestimmten Entwicklungsstand – ein Bild von sich, davon, wie er meint zu sein, vermischt mit dem, wie er gerne sein möchte. Dieser Vorgang bleibt uns jedoch meist unbewußt.

Dieses Bild sollte jedoch unserer Wahrheit entsprechen und offen, das heißt wandelbar sein, so daß wir uns immer wieder neu entdecken und diese neuen Anteile auch in unser Selbst-Bild mit aufnehmen können. Das setzt allerdings voraus, daß wir alles sein und bei uns sehen dürfen.

Da wir meist schon sehr früh erfahren haben, daß wir *nur* das sein dürfen, was von unserer Familie und der Gesellschaft – später dann auch von uns selbst – als »gut« bewertet wird, hat jeder mehr oder weniger gut gelernt, alles zu verdrängen, was in diesem Wertesystem als »schlecht« oder »negativ« beurteilt wird. Bekommt ein Kind immer wieder die Rückmeldung, schlecht oder ein Versager zu sein, verdrängt es mit der Zeit auch die sogenannten guten Anteile von sich. Dadurch verlieren wir den Blick für uns und verschließen uns vor unserer Wahrheit.

Dieses Bild verfestigen wir, indem wir uns mit Menschen umgeben, die dieses Bild weder angreifen noch hinterfragen, zum einen, weil es einer allgemeinen Regel entspricht, niemand in Schwierigkeiten oder Probleme zu bringen, zum anderen, weil auch sie gerne bei ihrem Bild von sich bleiben wollen. Das durchschauen wir jedoch nicht und folgern statt dessen, daß unser Bild stimmen muß.

Gleichzeitig begrenzen wir unser Sein durch unser Bild, indem wir nur das leben, was Teil dieses Bildes ist. Manche Menschen identifizieren sich sogar so stark mit ihrem Bild, daß sie glauben, es sei ihre Identität. Ist ihr Bild in Gefahr, verteidigen sie es mit allen Mitteln: Sie sind beleidigt, verletzt, ziehen sich zurück, bedrohen den anderen oder greifen ihn an, um ja nicht bei sich sehen zu müssen, was sie bisher erfolgreich vor sich und anderen versteckt haben.

Solange das Bild eines Menschen von sich so starr ist, steht es seiner Entwicklung sehr im Wege. Er kann weder offen für all das sein, was ihn ausmacht, noch kann er es leben, noch ist er für andere wirklich erreichbar. Dadurch kann er sich auch Menschen nie vollständig zeigen und mit ihnen das leben, was in ihm ist. Er muß sich vielmehr kontrollieren und zurücknehmen, wobei er natürlich die anderen auch kontrollieren muß. Selbst seinen Partnern kann er nie ganz nahe kommen, denn dann würden sie ihn ja so sehen, wie er wirklich ist. Zu einer wirklichen Lern-Beziehung ist er damit nicht in der Lage, denn dazu gehört, daß sich zwei Menschen schrankenlos offenbaren und zeigen.

Gefallen wollen als Programm

Dieses Programm, das sich viele Menschen schon in frühester Kindheit angeeignet haben, ist weit verbreitet und hindert Menschen sehr stark daran, sich selbst zu sehen und, daraus resultierend, zu wachsen.
Ein Mensch, der gefallen will, hat irgendwann beschlossen, vielen unangenehmen Situationen aus dem Weg zu gehen: zum Beispiel unangenehm aufzufallen, abgelehnt zu werden, nicht anerkannt zu werden, Aggressionen auf sich zu ziehen, eine Auseinandersetzung hervorzurufen, beschimpft zu werden, aufgrund seines Seins nicht mehr alles zu bekommen, Menschen in seiner Umgebung zu verlieren usw.
Damit er gefällt, muß er gut wissen, *wie* er sein muß, *was* er zeigen darf und was nicht, *was* die anderen von ihm hören und haben wollen, was nicht bei allen Menschen gleich, aber ähnlich ist. Um das zu schaffen, richtet er seine Augen auf die anderen Menschen, nicht auf sich, denn er ist ja hauptsächlich daran interessiert, wie er wirken kann.
Wenn man anderen Menschen gefallen will, darf man nicht alles sein. So darf man nicht unfreundlich, unhöflich, vorlaut, frech oder ungepflegt sein und darf auch nicht alles zeigen, zum Beispiel Ärger, Wut, Kritik, Angst oder Schmerz, und es löst viele Ängste aus, wenn man anders ist. Man darf aber auch die anderen nicht in schwierige Situationen bringen, indem man ihnen zu nahe kommt oder ihnen etwas sagt, was sie in Probleme stürzt oder ihr Bild von sich selbst angreift. Im Grunde genommen muß man, wenn man gefallen will,

alles tun, damit die anderen sich nicht sehen und feststellen müssen, wo sie in ihrer Entwicklung stehen.

Die Folge davon ist, daß sich jemand, der gefallen will, nicht in allem zeigt oder sich verstellt und sich dadurch nur wenig selbst sehen, geschweige denn leben kann. Mit diesem Programm ist es sehr viel schwerer, sich sehen zu lernen, da sich ein Mensch, der dieses Programm hat, sehr schnell selber nicht gefällt und noch viele Ängste hat.

Der gute Mensch – als Rolle

Eine weitere Erschwernis, sich zu sehen, ist, daß wir lernen, die Rolle eines guten Menschen zu spielen – einfach weil sie jeder mehr oder weniger spielt und weil es einem bestimmten Umgang unter Menschen entspricht.

Im Grunde genommen gibt es nur gute Menschen, aber warum sieht dann unsere Welt so aus, wie sie aussieht?

Bei jeder Rolle, die man spielt, darf man Teile von sich nicht leben oder sogar nicht wahrnehmen. Das verhindert natürlich, daß sich jemand so sieht, wie er wirklich ist. Das Ergebnis ist meist ein begrenztes, unrealistisches Bild von sich selbst, das wiederum das Sich-selbst-Sehen sehr erschwert.

Starke Kontrolle über sich ausüben

Je weniger du dich ungehindert lebst, desto weniger kannst du von dir sehen. Auf diese Weise siehst du nur Teile von dir – wahrscheinlich immer die gleichen –, siehst dich aber nie umfassend.

Ich weiß schon alles über mich

Bei dieser inneren Haltung fehlt dir die Energie, dich anschauen zu wollen. Gleichzeitig kannst du schwer etwas Neues über dich hören, weil es ja nicht sein kann, denn du kennst es ja nicht. Du bist dann eher geneigt, dein Bild über dich nicht zu erweitern.

Weitere Erschwernisse, dich zu sehen

- Wenn du verschlossen bist.
- Wenn du nicht mehr mit deiner inneren Wahrheit verbunden bist.
- Wenn du keine Schwierigkeiten oder Probleme haben willst.
- Wenn du dich immer in einer Rolle befindest.
- Wenn du immer recht haben willst – oder keine Schuld.
- Wenn du keine Schwächen zugeben oder haben willst.
- Wenn du immer perfekt sein mußt.
- Wenn dir der Abstand zu deinen verschiedenen Ausdrucksformen fehlt und du glaubst, ausschließlich dein Verhalten zu sein.
- Wenn du Angst hast, eine Sache oder einen Menschen zu verlieren.

Es ist aber auch möglich, mit dem, was du bei dir siehst oder andere bei dir sehen, so umzugehen, daß du dich dabei behinderst, denn folgendes trübt den Blick für das Eigentliche:

- Du machst dich schwer.
- Du deprimierst dich.
- Du verschließt dich.
- Du kränkst dich.
- Du beleidigst oder verletzt dich an dem, was du gesagt bekommst.
- Du verteidigst dich sofort.
- Du rechtfertigst dich (pausenlos).
- Du startest sofort einen Gegenangriff.
- Du machst aus jeder Wahrnehmung oder Äußerung eine Tragik.
- Du plapperst das, was andere bei dir sehen oder hören, nach, ohne es selber zu sehen oder zu glauben.

Natürlich gibt es auch die Möglichkeit, daß du eine Machtposition einnimmst – im kleinen oder großen –, um dich nicht sehen zu müssen. Je schneller du lernst, die Hindernisse zu erkennen, die dich davon abhalten, dich vollständig in allem, was dich ausmacht, wahrzunehmen, desto schneller kannst du sie wegräumen und beginnen, dich als der Mensch zu sehen und zu verstehen, der du bist – in deinen einzelnen Instanzen und als Ganzes.

Welche inneren Haltungen unterstützen das Sehen?

Bevor du anfängst, dich anzuschauen – und auch noch währenddessen –, ist es wichtig, daß du einige innere Haltungen in dir verstärkst oder sie dir erarbeitest, die dir diesen Prozeß erleichtern. Gleichzeitig können dich diese Haltungen darin unterstützen, daß du dich nicht bei dem, was du bei dir siehst, klein, schlecht oder fertigmachst, dir weh tust oder irgendeiner Tragik verfällst.

Das ist deswegen so wichtig, weil du sonst wahrscheinlich sehr bald damit aufhören würdest, dich anzuschauen, weil die Folgen davon zu unangenehm für dich sind.

Das Ziel ist dabei, daß du es eines Tages schaffst, dich auch in deinen Schattenseiten mit Leichtigkeit, Freude und Humor anzuschauen und dadurch über dich hinauszuwachsen.

Ich will mich in allem sehen

Um zu dieser inneren Haltung zu kommen, ist der erste Schritt, daß du zuerst einmal die Bereitschaft entwickelst, dich auf diesen Prozeß, dich in allem zu sehen, was du bist, einzulassen. Der zweite Schritt ist, daß du den Entschluß faßt, dich auch dann noch sehen zu wollen, wenn Widerstände in dir auftauchen, du Unlust empfindest oder du dich aus dem Prozeß wegschleichen möchtest.

*Leiden oder lernen,
lernen oder leiden,
– du hast die Wahl.*

Indem du diese innere Haltung einnimmst, kräftigst du deine innere Instanz des neutralen Zuschauers (siehe Seite 99).

Ich darf alles sein

Diese innere Haltung ermöglicht es dir, alles von dir anzuschauen, selbst deine Schattenseiten oder die Dinge, die du »negativ« beurteilst, ohne davor wegzulaufen oder zuzumachen.

Denn wenn alles sein darf, dann kannst du auch in Ruhe hinschauen. Möglicherweise ist diese Haltung ganz neu und unbekannt für dich, deswegen will ich den Hintergrund dieser Haltung kurz erläutern:

Hier auf diesem Erdball haben wir als Erfahrungsebene die Freiheit des Seins, das heißt, wir dürfen hier alles sein und alles erfahren, was wir wollen.

Wenn du genau hinschaust, wirst du das auch nachvollziehen können: Es gibt hier Reiche und Arme, Mörder und Heilige, raffgierige und selbstlose Menschen, Krieger und Krankenschwestern, Menschen, die das Leben mißachten, und Menschen, die es schätzen und schützen usw.

Damit sich jeder Mensch selbst entscheiden kann, was und wie er leben will, haben wir als Menschen einen freien Willen bekommen, den wir für oder gegen uns einsetzen können und dürfen.

Da wir schon als Kinder erfahren mußten, daß wir das zu tun und zu sein haben, was unsere Eltern und andere Bezugspersonen von uns wollten, konnten wir diese Freiheit des Seins nicht erfahren und auch nicht leben. Dadurch wissen wir auch nicht, daß es diese Freiheit überhaupt gibt und gehen daher in der gleichen Weise wie unsere Eltern mit uns selber um.

Unser gesellschaftliches Wertesystem, das alles in »gut« und »schlecht«, »positiv« und »negativ« einteilt, brachte uns dazu, unsere Freiheit von Kindesbeinen an freiwillig einzuschränken.

Dieses Wertesystem, das wir erst indoktriniert bekommen und dann verinnerlicht haben, dient in erster Linie dazu, uns zu manipulieren, nämlich nur das zu leben, was anderen keine Probleme oder Schwierigkeiten macht oder für sie nützlich ist.

Jetzt ist es wichtig für dich, zu sehen, daß du auf diese Weise zwar gelernt hast, andere zu schonen, jedoch nicht, dich in allem zu leben, dadurch hast du dich möglicherweise verloren oder nie ganz gesehen, so daß du nur wenige Anteile von dir kennst.

Erst wenn du dir die Erlaubnis gibst, alles sein zu dürfen, kannst du erst vollständig hinschauen, wer du eigentlich bist.

Ich bewerte mich nicht mehr

Diese Haltung – wenn du sie einnimmst – verlangt von dir, daß du aus der Routine des Bewertens aussteigst und beginnst, die Dinge einfach so zu sehen, wie sie sind – ohne etwas dazuzutun und ohne etwas zu unterschlagen. Wenn du dich zum Beispiel im Moment ungehalten siehst, bist du ungehalten, nicht mehr und nicht weniger. Und ungehalten zu sein ist weder »gut« noch »schlecht«, sondern Ausdruck deines momentanen Zustandes. Wenn du dir zusätzlich erlaubst, diesen Zustand wirklich zu fühlen, kannst du die Erfahrung machen, wie sich dieser Zustand anfühlt, was du dabei denkst usw. Vielleicht bekommst du dann auch Zugang zu der Geschichte deines Ungehaltenseins, zum Beispiel: »Was war vorher, bevor ich ungehalten war. Habe ich mich geärgert, oder war ich enttäuscht?«

Alles, was du bei dir siehst, ist eine Momentaufnahme. Du bist nie für immer ungehalten, und du bist selten ausschließlich ungehalten. Wenn du dir erlaubst, ungehalten zu sein, wird sich höchstwahrscheinlich dein Zustand schnell verändern.

Ich bleibe offen, egal, was ich von mir sehe

Wenn du diese innere Haltung einnimmst, entschließt du dich, dich nicht mehr zuzumachen, wenn du irgend etwas von dir erfährst, was du an dir nicht magst, schlecht findest oder nicht sehen willst.
Wenn du offen bleibst, wirst du merken, wieviel leichter es dir fällt, deine Schattenseiten zu sehen. Denn dich in einem Zustand zu sehen, in dem du zu bist, ist fast unmöglich – es ist so ähnlich, als würdest du einen Blinden auffordern, ein Bild zu beschreiben.

Alles ist gleichwertig, Hauptsache, ich sehe es

Diese Haltung setzt voraus, daß du begriffen hast, daß alle Anteile von dir einen gleichen Wert haben, da sie dir ermöglichen, Erfahrungen zu machen. Diese Erfahrungen unterscheiden sich, das ist alles. Du wirst etwas anderes erfahren, wenn du kleinlich oder großzügig bist, aber in beiden kannst du dich leben und erfahren – und nur darauf kommt es an.

Humor

Diese Haltung ermöglicht dir auch einmal über Anteile von dir zu lachen, anstatt alles so ernst zu nehmen.
Ich habe jedoch noch niemanden getroffen, der sich diese Haltung erarbeiten oder lernen konnte. In meinen Augen ist sie ein Talent.

Es gibt aber auch *Umstände*, die dir das Sehen erleichtern können:

Dein Umfeld
> Sehr hilfreich sind für dich Menschen, die sich so vollständig wie möglich leben und ausdrücken, und die in der Lage sind, dich wertfrei zu spiegeln, so daß du dich

so äußern und so reagieren darfst, wie es in dir ist –
ohne die üblichen Sanktionen der Gesellschaft befürchten zu müssen.

Am hilfreichsten sind natürlich Menschen, die schon in
Liebe sind, die klar und echt sind, die dich mit dem
Herzen sehen und bei denen du alles sein darfst und
die nötige Spiegelung bekommst.

Ein einfaches Leben

Je einfacher dein Leben ist, desto weniger bist du von
dir abgelenkt. Wenn du einfach lebst, hast du viel Raum
und Gelegenheit, mit dir in Kontakt zu sein. Du kannst
dich dadurch wesentlich einfacher zentrieren, dich mit
dir verbinden und in dir ruhen. Du nimmst dich viel
eher wahr.

Mit der Natur sein

Wenn du viel in der Natur bist, erlebst du dich als Teil
von ihr. Da die Reize der Natur natürlich und auf den
Menschen abgestimmt sind, können sie dich kräftigen
und beleben. Dadurch hast du mehr Energie für dich.
Die Natur vermittelt dir eine Einfachheit, die auf dich
übergeht und dich leicht ins Fühlen bringt, so daß es
dir viel leichter fällt, dich zu öffnen. Außerdem brauchst
du deine Gefühle, um dich wahrzunehmen.

Zeit

Jeder Prozeß braucht Zeit, so auch der Prozeß, dir zu
begegnen. Je tiefer eine Wahrnehmung gehen soll, desto
mehr Zeit brauchst du dafür.

Dein Körper

Auch dein Körper kann dir in dem Prozeß, dich wahrzunehmen und zu betrachten, hilfreich oder abträglich
sein. Willst du immer genügend Energie für diesen
Prozeß haben, ist es wichtig, daß du über eine gesunde
Ernährung für eine intakte Verdauung sorgst. Denn bei
einer schlechten Verdauung bricht deine Energie sehr

schnell zusammen, wenn irgendwelche Störungen in deinem Wahrnehmungsprozeß auftauchen.

Ebenso wichtig ist es für dich, einen durchlässigen Körper zu haben, denn nur dann bist du berührbar, empfindungs- und wahrnehmungsfähig. Außerdem ist die Wahrnehmung selbst viel differenzierter. Ein undurchlässiger Körper hingegen nimmt oft nur das Gedankengut wahr.

Dein Selbst-Wert

Dich anzuschauen ist wesentlich leichter, wenn du dir deinen Selbst-Wert nicht mehr über sogenannte gute Eigenschaften, Taten oder Leistungen gibst, sondern einfach dafür, daß du da bist. Sonst ist dein Selbst-Wert ständig in Gefahr.

Sehr hilfreich ist es auch, wenn du deinen möglicherweise aufgebauschten Selbst-Wert (ich bin der Größte, ich bin die Schönste) hinterfragst und ihn auf das normale Maß zurückführst, sonst stößt du an zu viele Hürden, oder es tut dir so weh, daß du dich nicht mehr weiter anschauen und wahrnehmen möchtest.

2
Sich annehmen lernen

Wenn du gelernt hast, dein Sein wohlwollend zu betrachten, ohne es in »gut« oder »schlecht« einteilen zu müssen und ohne das zu verurteilen, was du im jeweiligen Moment – aufgrund deiner Geschichte und deinen Erfahrungen – gerade bist, steht für dich der nächste Entwicklungsschritt an,

nämlich das an dir annehmen zu lernen, was du bisher verdrängt, weggeschoben oder sogar abgelehnt hast: alles, was deiner Liebe zu dir selbst bisher im Wege gestanden ist.

Das Annehmen von allem, was wir sind, ist eine Form, um mit sich Frieden zu schließen und in sich die Freiheit zu entwickeln, alles sein zu dürfen. Es ist aber auch ein notwendiger Akt, damit unser Selbstregulierungsmechanismus in uns einsetzen kann, damit Veränderungen in Gang kommen können, um die Harmonie in uns wieder herzustellen.

Dadurch ist das Annehmen die Voraussetzung, um uns in den Punkten verändern zu können, die sich störend auf unser Sein und das von anderen Menschen auswirken.

Zusätzlich ist das Annehmen Teil unserer Aufgabe auf dieser Erde. Denn unsere Aufgabe ist es, alles Sein von uns (und anderen) annehmen zu lernen. Das ist deswegen so wichtig, weil die Liebe nichts Trennendes in sich hat. Das heißt: Je besser es uns gelingt, uns selbst anzunehmen, desto mehr können wir auch andere annehmen und zulassen.

Dieser Prozeß, dich Stück für Stück anzunehmen, bedeutet viel Arbeit. Du wirst deshalb diese Arbeit nur dann leisten wollen, wenn du über deine eigene innere Unfreiheit oder deine mangelnde Liebe zu dir selbst unzufrieden bist.

*Alles,
was du an dir nicht annehmen willst,
bleibt dir.*

Der Unterschied zwischen hin-nehmen und an-nehmen

Da viele Menschen hin-nehmen mit an-nehmen verwechseln und dadurch bestimmte Entwicklungsschritte nicht machen können, will ich zunächst einmal den Unterschied zwischen diesen beiden Zuständen verdeutlichen.

Das *Hin-nehmen* ist ein passiver Akt. Man sagt zwar zu etwas nicht mehr »nein«, aber auch nicht »ja«. Man wehrt sich nicht mehr gegen etwas, das man vorher vielleicht abgelehnt oder bekämpft hat, beispielsweise ein bestimmtes Verhalten von sich selbst. Dadurch liefert man sich jedoch meist dem aus, was man hingenommen hat. Hast du deinen Geiz hingenommen, bestimmt er dich, und nicht umgekehrt. Deutliche Zeichen dafür sind Sätze wie: »Ich bin halt so, da kann man nichts machen« oder: »Ich werde immer so sein« usw.

Das Hin-nehmen geschieht ohne Hin-schauen oder sich Bewußt-machen. So wird das, was ich hin-nehme, zu etwas Starrem und Totem in mir, und damit blockiere ich meinen eigenen Transformationsprozeß. Denn die groben und unvollkommenen oder störenden und destruktiven Elemente meines Seins können sich nur dann verwandeln, wenn sie meine Wahrnehmung und mein uneingeschränktes Ja bekommen.

Das Hin-nehmen ist, wie wenn du etwas ißt, ohne es richtig zu kauen. Der Körper kann die unzerkleinerten Brocken nur schwer oder gar nicht umwandeln (verdauen). Dadurch bleiben sie länger als nötig im Körper und schaden ihm, und er kann sich so die wertvollen Bestandteile der Nahrung nicht zu eigen machen.

Das *An-nehmen* hingegen ist eine Stufe mehr als das Hinnehmen. Beim An-nehmen muß man aktiv »ja« sagen und sich mit dem befassen, zu dem man »ja« sagen will, um es an-nehmen zu können. Das An-nehmen verlangt das bewußte Hinschauen und Ja-sagen zu dem, was man sieht und wahrnimmt.

Am Beispiel des Essens läßt sich das gut zeigen: Alles, was du gut durchkaust und einspeichelst, kann von deinem Körper angenommen und transformiert werden. Nur so kann dir die Nahrung nutzen.

Hast du jedoch lange Zeit Teile von dir nicht sehen wollen, indem du sie verdrängt oder unterdrückt hast, da du sie nicht annehmen konntest, braucht es natürlich einen längeren Prozeß, um diese Teile wieder vollständig wahrzunehmen und sie anzunehmen.

Das An-nehmen als Basis jeder gewünschten Veränderung

Als Mensch bist du kein statisches Gebilde, sondern ein wandelbares Wesen. Du hast die Freiheit und die Kraft in dir, dich jederzeit zu dem Menschen zu verwandeln, der du sein möchtest.

Es liegt in deiner Hand, welche Verhaltensweisen, Eigenschaften, Gefühle und Gedanken du lebst und leben willst. Wenn du das wirklich verstehst, mußt du dich nicht an deinen Eigenarten festbeißen oder an ihnen verzweifeln, sondern kannst dir Klarheit darüber verschaffen, was du davon leben willst und was nicht.

❖ **Wichtig ist jedoch für dich zu wissen, daß du alles sein darfst und daß dein Wert niemals auf dem Spiel steht, was immer du auch lebst** ❖

Die Wertungen der Gesellschaft und damit deiner Eltern und anderer Personen in deinem Umfeld haben dich jedoch dazu gebracht, vieles an dir nicht okay zu finden und möglicherweise dich für bestimmte Verhaltensweisen oder Eigenschaften nicht mehr okay zu finden. Und das läßt dich glauben, daß du nicht alles sein darfst und daß du so sein mußt, wie es den anderen angenehm ist und ihnen paßt.

*Alles,
was du annimmst,
kann sich verwandeln.*

Das hat wahrscheinlich dazu geführt, daß du manches von dir verdrängt hast, anderen Teilen von dir keine Aufmerksamkeit mehr gibst, Teile von dir nicht wahrhaben willst und dir zusätzlich Techniken angeeignet hast, andere davon abzuhalten, dich in deinen Schattenseiten zu sehen.

Dazu mußt du wissen, daß alles, was du von dir wegschiebst und nicht anschauen und annehmen willst, dir erhalten bleibt – du bleibst zum Beispiel geizig, auch wenn du es nie in deinem Leben annehmen würdest – und so deine Liebe zu dir selbst blockiert. Es ist also genau gegensätzlich zur materiellen Welt.

Etwas bei dir abzulehnen, um es »wegzubringen«, ist also keine erfolgreiche Methode. Ganz im Gegenteil, du mußt dich immer weiter mit diesen Teilen von dir »herumschlagen«, dich immer weiter dafür ablehnen, bestrafen oder beschimpfen, oder du ziehst immer wieder die Ablehnung von anderen Menschen auf dich.

Wichtig ist jedoch, daß du dir deine eigenen Werte erschaffst, daß du für dich herausfindest, wie *du* sein möchtest, was *du* leben möchtest, und dir dann erlaubst, dich zu verwandeln, weil *du* es willst und nicht, weil dich andere anders haben wollen.

Wenn du dich beispielsweise als übermäßig gierig erlebst, kannst du entscheiden, ob du diese Verhaltensweise in gleicher Form weiterleben willst oder nicht.

Anhand dieses Beispiels, »übermäßig gierig«, werde ich dir zeigen, wie du diesen Transformationsprozeß bei dir in Gang setzen kannst. Dein Weg ist jetzt also, dich mit deiner Gier aktiv auseinanderzusetzen, um die Geschichte dieses Zustandes herauszufinden.

Bevor du jedoch diesen Weg gehst, solltest du dir die Frage stellen:

Darf ich so gierig sein?

Wenn du diese Frage mit »nein« beantwortest, kannst du daran erkennen, daß für dich nicht jedes Verhalten okay ist.

Du hast immer noch Wertungen von »gut« und »schlecht« in dir. Dadurch findest du gierig wahrscheinlich »schlecht«, und deswegen willst du dich verändern.

Deine Lernaufgabe ist jedoch, alles Sein – also auch deins – zu akzeptieren und anzunehmen – einfach weil alles, was du nicht akzeptieren und annehmen kannst, dich von der Liebe abhält.

In diesem Fall: Weder gierig noch maßvoll (also das Gegenteil) sind »gut« oder »schlecht«, sondern beide Zustände gehen mit anderen Gefühlen einher und bringen uns zu anderen Erfahrungen. Du wirst dich einfach selber und mit anderen anders erfahren, wenn du gierig oder maßvoll bist.

Der *erste Lern-Schritt* ist also:

Erkennen, daß es völlig okay ist, übermäßig gierig zu sein, und daß du dabei völlig okay bist und bleibst.

Die nächste Frage ist dann:

Will ich mich noch verändern, wenn es okay ist, wie ich mich verhalte?

Wenn du jetzt ein »Nein« in dir hast, wirst du keine Veränderung ansteuern wollen. Und dennoch ist es wichtig, daß du diesen Teil an-nimmst, das heißt, daß du dir eingestehst, daß du so bist und dir erlaubst, diesen Teil wahrzunehmen, wann immer er auftaucht.

Lautet deine Antwort jedoch »ja«, dann folgt der *zweite Lern-Schritt,* indem du dir eingestehst:

Ich gestehe mir ein, daß ich übermäßig gierig bin.

Dieser Lernschritt ist nicht damit getan, daß du dir das sagst, sondern er beinhaltet, daß du dir das wirklich innerlich eingestehst, das heißt klar hinschaust und deine Gefühle dabei wahrnimmst – und dich dabei nicht bewertest und verurteilst. Es kann sein, daß du dafür einige Tage brauchst.

Manches wird dir leichter fallen, es dir einzugestehen, manches wird dir schwerer fallen, je nachdem, wie stark du es bisher vor dir verheimlicht hast oder wie schlecht deine Bewertung darüber ist.

Dieser Prozeß des Dir-Eingestehens ist dann abgeschlossen,

wenn du keine unangenehmen Gefühle mehr bekommst, wenn du so bist.

Am besten sagst du dir noch laut zum *Abschluß*:

Ja, ich bin übermäßig gierig, und ich darf so sein, es ist allein meine Entscheidung.

Und dennoch merkst du, daß es dir selber nicht gut tut, so gierig zu sein. Dadurch, daß du dich nicht wohl fühlst dabei, hat sich der Wunsch in dir entwickelt, dich in diesem Punkt zu verändern.

Der *dritte Lern-Schritt* ist, daß du die Bereitschaft in dir entwickelst, dir immer wieder dann deine konzentrierte Aufmerksamkeit zu geben, wenn deine übermäßige Gier auftaucht.

Das heißt, du schaust dir zu, läßt dich fühlen, wie es ist, gierig zu sein, du hörst deinen Gedanken dabei zu und stellst dir Fragen, die deine Gier beleuchten, damit du herausfinden kannst, wie es zu diesem Ungleichgewicht in dir gekommen ist.

Zum Beispiel:

Wie fühlt es sich an, so gierig zu sein? (Zum Beispiel: Eng.)

Was denke ich, wenn ich gierig bin? (Ich kriege bestimmt nicht genug.)

Woher kenne ich diese Verhaltensweise? (Von meinem Vater.)

Bin ich schon immer so gierig? (Nein, erst als ich das Gefühl bekam, immer zu kurz zu kommen.)

Welchen Preis zahle ich für meine Gier? (Ich bleibe immer auf mich bedacht und überfresse mich regelmäßig mit allem.)

Welchen Nutzen ziehe ich aus diesem Verhalten? (Ich kriege immer das, was ich will und werde sehr aktiv dafür.)

Welche Wertungen habe ich über »gierig«? (Ich finde es schlecht und unmenschlich, dann bin ich wie ein Tier.)

Habe ich vielleicht einen unstillbaren Hunger in mir, den ich nicht erklären kann?

Wenn du dir diese Fragen beantwortest, wirst du die Geschichte, die hinter dieser Eigenart versteckt liegt und die die Ursache für dein So-Sein ist, herausfinden. Du »beleuchtest« also mit deinem Bewußtsein alles, was mit deinem Gierig-Sein zusammenhängt, und lernst dich dadurch kennen und verstehen und kommst dir – vorausgesetzt, du willst das – immer näher.

Der *vierte Lern-Schritt* beinhaltet, daß du im Laufe dieses Prozesses das Verhalten – oder was immer es ist –, das du verändern möchtest, völlig an-nimmst, daß du es als einen Teil von dir anerkennst und ihm seine Da-seins-Berechtigung zubilligst. Dazu gehört, daß du all das in dir abbaust, was dich nicht so sein lassen will, wie Wertungen, Moralvorschriften, Verbote etc. Das heißt, daß du ein volles Ja dazu findest, daß du, wie in diesem Beispiel, übermäßig gierig sein darfst. Mach dir an dieser Stelle noch einmal klar, daß es nichts gibt, was du nicht sein darfst. Das heißt jedoch nicht, daß dein Verhalten ohne Folgen bleibt. Wenn du dich aufgrund deiner Gier regelmäßig überißt, wirst du dick werden und möglicherweise auch Verdauungsbeschwerden bekommen – aber auch das darf sein. Es liegt bei dir.

Wenn du dich in deiner Gier wahrgenommen und dir bewußt gemacht hast, was dich dahin gebracht hat, übermäßig gierig zu sein und dich darin auch an-nimmst, kann der Selbstheilungsmechanismus in deiner Psyche seine Tätigkeit beginnen und deine getane Arbeit fortsetzen.

Eines Tages wirst du plötzlich bemerken, daß du anders bist, daß du dich verwandelt hast.

*D*er Wandel ist:

Du darfst übermäßig gierig sein, aber du mußt nicht länger so sein. Du hast wieder die freie Wahl, und dadurch kommt deine Gier wieder ins Gleichgewicht. Du kennst deine Gier, aber sie beherrscht dich nicht länger. Ab und zu wirst du sicherlich wieder gierig sein, aber in Maßen, du wirst sie wahrnehmen, sie begrüßen und es wird kein Thema für dich sein.

Auf diese Art und Weise kannst du alles, was dich an dir stört und was dich an deinem Leben oder deinem Glück hindert, wieder ins Gleichgewicht bringen. Vorausgesetzt, du bist bereit, dich wahrzunehmen, deine Geschichte kennen- und verstehen zu lernen und dich darin anzunehmen.
Ohne genaues Hinschauen und ohne dich anzunehmen, wird dir der Veränderungsprozeß (Transformationsprozeß) nicht gelingen.
Gib dir Zeit für diese Prozesse und gehe Schritt für Schritt vor. Wichtig ist auch, daß du nicht alles auf einmal an dir verändern willst, sondern daß du immer nur eine Verhaltensweise, ein Gefühl oder einen Gedanken bearbeitest.

3
Zu sich selbst eine fruchtbare Beziehung aufbauen

Was heißt das:
Eine Beziehung zu sich selbst?

Eine Beziehung zu sich selbst ist eigentlich ein Paradox, weil es zu einer Beziehung immer zwei Personen braucht, die miteinander in Kontakt treten und sich aufeinander beziehen, so daß beide in dieser Verbindung sichtbar werden.

Du kannst jedoch mit dir selbst deswegen eine Beziehung haben, da du die Fähigkeit hast, mit dir in Kontakt zu treten, indem du dich von einer bewußten Warte aus selbst wahrnehmen, dir zuhören, dich fühlen, über dich nachdenken und sogar mit dir sprechen kannst. Gleichzeitig hast du unterschiedliche Anteile und Instanzen in dir versammelt, zu denen du auch in Beziehung treten kannst.

Du kannst auch Gefühle zu dir selbst entwickeln, zum Beispiel kannst du darüber traurig sein, daß du verschlossen bist, oder du kannst dich ärgern, daß du immer wieder deiner Trägheit »verfällst«, das heißt, du kannst dich von dir selbst betreffen lassen.

Wenn du eine dauerhafte Verbindung zu dir selbst eingehst und bereit bist, Bewußtsein über dich zu erlangen, kannst du dein Leben in die Hand nehmen und auf allen Ebenen für dich sorgen.

Jeder Mensch hat eine Beziehung zu sich selbst, auch wenn es eine oberflächliche, unbewußte oder wenig fruchtbare Beziehung ist.

Diese Beziehung ist gekennzeichnet durch
den Umgang mit dir selbst, der meistens den Umgang widerspiegelt, den du als »Kind« genossen hast. Bist du als Kind ständig kritisiert worden, wirst du dich selbst ständig kritisieren. Haben dir deine Eltern keine Anerkennung gegeben, wirst du dir nun selber die Anerkennung versagen usw.;
die Grundgefühle, die du zu dir hast, zum Beispiel: »Ich mag mich« oder: »Ich kann mich nicht ausstehen«;
die Haltungen, die du in deiner frühkindlichen Phase zu dir selbst eingenommen hast, zum Beispiel: »Ich bin unwichtig« oder: »Ich bekomme doch nie, was ich will.« Diese inneren Haltungen spiegeln die Erfahrungen wider, die du in Beziehungen zu anderen Menschen gemacht hast;
die Einstellungen, die du dir im Laufe deines Lebens zu dir selbst angeeignet hast. Sie beschreiben das Bild, das du von dir hast, zum Beispiel: »Ich bin ein Mensch, der ...« (immer Harmonie braucht, langsam ist usw.), und Einstellungen, die dich im Umgang mit der Welt beschreiben, wie: »Ich arbeite nur für viel Geld« oder: »Was mir schmeckt, das esse ich, egal, ob es gesund ist oder nicht«;
die Akzeptanz, die du dir gegenüber hast, ob du dich vollkommen annehmen kannst oder nur teilweise, oder ob du dich ablehnst;
die Wichtigkeit, die du deinem Sein beimißt. Ob dir beispielsweise deine Gefühle wichtig sind, dein Ausdruck, dein Verhalten, wie bewußt du lebst usw.;
den Umgang mit deinen auftretenden Problemen und Schwierigkeiten: Ob du vor ihnen davonläufst oder ob du bereit bist, durch sie zu lernen;
dein Bewußtsein, das du dir über dich erarbeitet hast;
den Grad deiner Offenheit und Ehrlichkeit dir selbst gegenüber;
die innere Freiheit, die du dir erhalten oder erworben hast, dich *sein* zu lassen;
den Umgang mit deinem Körper, ob du ausreichend für ihn sorgst und ihn pflegst, damit er gesund wird oder bleibt, oder ob du ihn vernachlässigst, ihn verunreinigst mit Genußmit-

teln, ihn ständig überforderst oder zum Beispiel nur bei Krankheit auf ihn achtest;
die Ziele, die du für dich und in deinem Leben hast, zum Beispiel: »Ich will immer bequem leben« oder: »Ich will das Leben nur nach meiner Lust ausrichten« oder: »Ich will mich verstehen lernen« usw.
Um es noch einmal einfacher auszudrücken:

> *D*eine Beziehung zu dir selbst ist geprägt durch das, was du über dich denkst, was du zu dir fühlst, wie du zu dir stehst, wie wichtig du dir bist und wie du dich aufgrund all dessen behandelst und welche Ziele du mit dir verfolgst.

Da jeder Mensch aufgrund seiner Vorerfahrungen, seiner Programmierungen, seiner Lernbereitschaft, seiner Neugier und seines Bewußtseinszustandes an einem ganz anderen Ort in seiner Entwicklung steht, lebt jeder Mensch eine sehr unterschiedliche Qualität in seiner Beziehung zu sich selbst – so auch du.
Und so kann es sein, daß du sehr liebevoll mit dir umgehst, dich um deinen Körper ausgiebig kümmerst, aber deine Realität nicht sehen willst oder keine Ziele für dein Leben hast. Oder du willst wenig bis gar nichts fühlen, kannst dich nicht in allem annehmen und hast das Ziel, reich zu werden, oder du hältst dich für total unwichtig, gibst dir selbst kaum Aufmerksamkeit und hast das Ziel, anderen zu helfen usw.

Aber auch deine inneren Anteile und Instanzen können untereinander in Beziehung stehen, zum Beispiel kann die Be-

ziehung zwischen deinem Verstand und deinen Gefühlen so aussehen, daß dein Verstand die Gefühle soweit wie möglich unterdrückt oder sie überstimmt.
Deine Beziehung zu dir kann

eine *Zwangsanstalt* sein,

in der du dir ständig Vorschriften machst, dich in Formen und Rollen preßt, dich ständig unter Druck setzt, dich ständig überforderst, dich fortlaufend antreibst, dich in alle möglichen Situationen zwingst, dich kritisierst und abwertest und dich obendrein noch wenig annimmst,

oder ein *Ort der Freiheit*,

wo du dir erlaubst, alles zu *sein*, was in dir ist, wo du dich ausdrückst und ausprobierst, dich Fehler machen läßt, um daraus zu lernen, wo du die Erfahrungen machen darfst, die dir wichtig sind, wo du Verständnis für dich hast und dir nie die Anerkennung entziehst.

Eine Steigerung davon ist natürlich eine Beziehung, in der du über dich selbst Bewußtsein erlangst und dich als Folge davon liebst.

Viele Menschen haben jedoch eine eher einschränkende und oberflächliche Beziehung zu sich selbst. Sie sind sich ihrer Beziehung zu sich selbst wenig bewußt, nehmen wenig von sich wahr, hinterfragen weder sich noch ihr Leben und sehen sich häufig als Opfer ihres Lebens oder ihrer Psyche.
Dadurch werden sie sozusagen durch ihre Vergangenheit, ihre Programmierungen, ihr Denken aus zweiter und dritter Hand und die daraus resultierenden Vorurteile bestimmt (oft bis zu ihrem Lebensende) und schaffen es dadurch nicht, sich aus dem Moment heraus zu leben, sich immer wieder neu zu erfahren und sich nach ihren eigenen Wünschen und Bedürfnissen zu verändern oder nach ihren eigenen Vorstellungen zu leben.

Und so tut es nicht Wunder, daß es viele Menschen gibt, die sich selbst nicht verstehen, denen unklar ist, weshalb ihr Leben gerade so verläuft, und die wenig Verantwortung für ihr Sein übernehmen.

Die Ursachen dafür liegen jedoch darin, daß kaum ein Mensch gelernt hat, sich selbst auf eine nicht egoistische Weise wichtig zu nehmen und für sein inneres Wachstum zu sorgen.

Hinzu kommt, daß eine Beziehung zu sich selbst – wie jede andere Beziehung zu einem Mitmenschen – viel Konzentration und Zeit braucht, was aufgrund der vielen Ablenkungen, der Überbewertung von Bekanntschaften zu anderen und der wenigen Zeit, die uns neben der meist anstrengenden Arbeit im Erwerbsleben bleibt, nur schwer zu realisieren ist.

Der Sinn unseres Lebens liegt jedoch darin, daß wir unsere Fähigkeiten, uns wahrzunehmen, uns zu erfahren, uns zu erkennen und uns zu hinterfragen, nutzen und unseren Lebensweg unter die Frage stellen: *Was bin ich für ein Mensch? Welches Wesen drückt sich durch mich aus?* Und daß wir uns die größtmögliche Förderung geben, über unseren jeweiligen Zustand hinauszuwachsen und uns immer mehr zu einem liebenden Menschen zu entwickeln.

Die Türöffner zu einer bewußten Beziehung zu dir selbst

Interesse an dir entwickeln

Das Interesse an dir öffnet dir sozusagen die Tür zu dieser neuen, bewußten Beziehung zu dir, die dich – wenn du es willst – dahin führt, daß du dich (und die ganze Kreatur Gottes) eines Tages von Herzen liebst. Und nur dann bist du mit der gesamten Schöpfung verbunden.
Weißt du, daß dieses Leben für dich einmalig ist, daß du es nie mehr in dieser Form, mit diesem Körper leben wirst? Und ... daß du in deinem Leben die Hauptrolle spielen kannst, auch wenn du bisher anderen diese Rolle überlassen hast?
Du bist wichtiger für dich, als du möglicherweise zu denken wagst, denn du bist hier auf dieser Erde, um dich zu leben und zu erfahren. Das war dein ursprüngliches Ziel.
Und dafür bist du täglich 24 Stunden mit dir zusammen – und das dein ganzes Leben:

> mit keinem Menschen bist du so ausschließlich zusammen,
> keinem Menschen kannst du so nahekommen wie dir selbst,
> keiner kann deine Gefühle so gut spüren wie du,
> keiner kann deine Gedanken so gut lesen wie du,
> keiner kann in deinen Körper so gut hineinspüren wie du,
> keiner kennt deine Bedürfnisse so gut wie du,
> keiner kann deine Wünsche und Träume so gut
>   herausfinden wie du,
> keiner kann dich so gut verstehen wie du,
> keiner kann so gut in Kontakt mit deinem Inneren sein
>   wie du.

Von *dir* wird es abhängen, wie dein Leben verläuft.
- Du kannst ein bewußtes Leben führen, das du selber gestalten kannst und in dem du das verwirklichen kannst, wonach dein Herz begehrt.
- Du kannst aber auch ein unbewußtes Leben führen und

dich wie ein Spielball vom Leben hin und her werfen lassen.
- Du kannst herausfinden, was es heißt, ein Mensch zu sein.
- Du kannst das Leben, von dem du ein Teil bist, begreifen lernen.
- Du kannst aus der Fülle des Lebens schöpfen.
- Du kannst dich mit den Oberflächlichkeiten des Lebens zufrieden geben und niemals wirklich Tiefe und Fülle erleben.
- Du kannst in totaler Verbindung mit deinem Inneren sein und mit Sicherheit dem Leben begegnen.
- Du kannst dich meiden und nur noch selten eine wirkliche Verbindung zu dir spüren und dadurch mit Unsicherheit dem Leben begegnen.
- Du kannst die Liebe als Urkraft in dir zulassen, du kannst dich aber auch mit ein bißchen Wärme in dir zufrieden geben.
- Du bist *frei* und *fähig,* zu verwirklichen, was dir wichtig ist.

Hast du dich schon einmal gefragt,

> Wie lebe ich?
> Wie hat mein Leben bisher ausgesehen?
> Bin ich zufrieden mit meinem Leben?
> Ist das Leben so, wie ich es mir als Kind erträumt habe?
> Bin ich erfüllt?
> Nehme ich mich so an, wie ich bin?
> Was macht mich eigentlich aus?
> Was ist das Besondere, Einzigartige an mir?
> Für was lebe ich?
> In was sehe ich meine Aufgabe in diesem Leben?
> Für was engagiere ich mich?
> Welche Ziele verfolge ich in meinem Leben?

Fragen über Fragen, die du dir stellen kannst; Fragen, die dich in deine Tiefe bringen und die dein Leben verändern können, vorausgesetzt, du beantwortest sie ehrlich.

Fragen sind Ausdruck deines Interesses. Also schau, welche Fragen du schon in dir hast und welche du noch finden

kannst. Meistens sind Fragen wie die Sprossen einer Leiter. Jede Sprosse führt dich zu der nächsten.
Tu alles, um dich in den Mittelpunkt deines Interesses zu rücken.

Sich für sich selbst öffnen

Wenn du eine weitere Tür zu dir aufmachen willst, um eine neue fruchtbare Beziehung zu dir entwickeln zu können, ist es wichtig, daß du dich für all das *öffnest*, was du bist. Dabei ist unerläßlich, daß du dir eingestehst, daß du noch nicht die ganze Wahrheit von dir kennst.

Gleichzeitig brauchst du deine Erlaubnis und Bereitschaft, dich zu leben, auszudrücken und wahrzunehmen: was du fühlst und denkst, was dich bewegt und berührt – in welcher Form auch immer –, zum Beispiel, was dir angst macht, was Dankbarkeit oder Freude in dir auslöst, was deine Wut hervorruft usw. Dabei ist deine Ehrlichkeit sehr gefragt.

Durch deinen Körper bist du wie ein Instrument – ausgestattet mit einer großen Bandbreite von Tönen und Klängen und mit einer ebenso großen Variationsmöglichkeit von Lautstärken. Das Leben in all seinen Formen will dich berühren, in dir etwas auslösen, und du sollst diese Berührung nach außen geben. Die Welt will hören, wie du klingst und sich wiederum von dir berühren lassen.

Es mag sein, daß du an manchen Stellen sanft klingst, an anderen schrill, daß dein Spiel manchmal laut, manchmal leise klingt. Aber alles ist gleich wichtig, denn so kannst du dich spüren und dich erkennen. Und genau das brauchst du, um dich lieben zu lernen. Denn wie könntest du dich lieben, ohne dich mitzubekommen?

> Erst jetzt lebst du.
> Erst jetzt erfährst du dich.
> Erst jetzt kannst du dich begreifen.
> Erst jetzt kannst du lernen von dir.
> Erst jetzt kannst du wachsen in die Richtung von mehr Helligkeit und Liebe.

*Du brauchst keinen Grund,
um dich zu öffnen.*

Wenn du dich hingegen wehrst, daß dich das Leben berührt, und sei es nur, daß du bestimmte Berührungen nicht zulassen willst, weil du sie als »schlecht« bewertest, zum Beispiel deinen Ärger oder deine Wut, oder aber nicht schwach sein willst und daher deine Wärme und Weichheit unterdrückst, dann ist dein Instrument gedämpft. Du wirst dich weniger spüren und dadurch weniger von dir mitbekommen. Du bist weniger lebendig und erfährst nur bestimmte Teile von dir. Und auf diese Weise kannst du dich nie vollständig sehen und wirst dich damit auch nie ganz lieben können.

Natürlich ist es genauso wichtig, daß du dich von dir selbst berühren läßt, daß es dir etwas ausmacht, wie du bist, daß du zum Beispiel unzufrieden mit dir bist, wenn du unehrlich warst, oder über dich traurig bist, wenn du wieder einmal nur an dich gedacht hast – aber *nicht*, weil du so nicht sein dürftest oder weil du eine »schlechte« Wertung darüber hast. Denn diese Gefühle werden dich weitertragen, indem sie in dir den Wunsch wecken, woanders hinzukommen.
Sei bei allem ehrlich mit dir, mach dir nichts vor. Nenne das beim Namen, was du spürst und siehst. Sag lieber einmal zuviel »Ich weiß nicht«, statt etwas zu sagen, was nicht stimmt. Denn wenn du öfters nicht bei deiner Wahrheit bleibst, verlierst du dich Stück für Stück, und nach einiger Zeit wird es immer schwieriger für dich, deine Wahrheit wiederzufinden. Solltest du schon so weit sein, daß du dich ein Stück weit verloren hast, ist es um so wichtiger, bei deiner Wahrheit zu bleiben oder sie gegebenenfalls zu suchen. Bedenke: Wenn du dich deiner Wahrheit verschließt, und wenn es nur einmal ist, hast du die Tür zu deiner Liebe wieder verschlossen.

Um zu dieser Öffnung zu kommen, gibt es viele Wege.
Doch alle Wege fangen da an, wo du dir eingestehst, wie offen du wirklich dir gegenüber bist, wieviel du wirklich von dir wahrnehmen und leben darfst, und die Bereitschaft entwickelst, dich für dich selbst mehr zu öffnen. Und das kann viele Gründe haben, weil du dich kennen- oder verstehen

lernen willst, weil du dich mehr leben lassen möchtest, weil du dich lieben möchtest usw. Jeder Grund kann dir als Motor für diese Entwicklung dienen. In je mehr Kanälen du Öffnung zuläßt, desto schneller wirst du wachsen.

In deinen Gedanken:
Du läßt mehr neue Gedanken an dich heran, du läßt Gedanken, die dir schaden, los, du entwickelst mehr Bereitschaft, über dich nachzudenken. Du wirfst deine Pläne schneller um.

In deinen Gefühlen:
Du erlaubst dir alles zu fühlen und zum Ausdruck zu bringen, was in dir ausgelöst wird. Du achtest auf deine feinen Gefühle und lebst sie.

Im Körper:
Du arbeitest an der Durchlässigkeit deines Körpers, um immer differenzierter zu fühlen. Du achtest auf deine Körpergefühle.

Intuition:
Du hörst auf deine Eingebungen und folgst ihnen.

Innere Stimme:
Du gibst dir Ruhe und Zeit, um deine innere Stimme zu hören, um dich von ihr führen zu lassen.

Wahrnehmung:
Du achtest darauf, inwieweit dein Wesen sichtbar wird, zum Beispiel in deiner Grundhelligkeit.

Vorstellungen:
Du läßt deine Vorstellungen über dich fallen, um dich überhaupt wahrnehmen zu können.

Je mehr du dich dir öffnest, desto mehr nimmst du von dir wahr. Und wenn du dich wahrnimmst, bist du im Besitz deiner Wahrheit, und wenn du wahr bist, bist du bei dir.

❖ **Es gibt keinen schöneren Ort, als bei dir zu sein** ❖

*E*inige Wege, um dich mehr zu öffnen:

Gib dir regelmäßig Aufmerksamkeit, eine Zeit, in der es nur darum geht, dich wahrzunehmen. Das kann in Stille sein, in Bewegung oder mit anderen.

✪

Erlaube dir mehr zu sein als bisher und es dann auch auszudrücken. Suche dir dafür bestimmte Situationen. (Der Fasching ist bei einigen Menschen deswegen so beliebt, weil sie sich einfach mal ganz anders geben dürfen und dafür sozusagen die offizielle Erlaubnis haben.)

✪

Arbeite an der Durchlässigkeit deines Körpers (ganz viel von innen her reinigen), damit er dir ein gutes Instrument ist.

✪

Suche einen Menschen, der in dir auslöst, daß du dich ihm öffnen willst.

✪

Laß dich etwas arbeiten oder entwickeln, wo dein Herz beteiligt ist oder wo es sogar aufgeht.

✪

Mach dir ganz klar, daß du *alles* sein darfst und daß es nur um deine Erfahrung geht, wobei du wiederum auch alle Erfahrungen machen darfst.

*Wissen ist Macht,
Erfahren ist Leben.*

Eine Beziehung zu dir entwickeln

Wenn du zugelassen hast, dich für dich zu interessieren und dich dir gegenüber zu öffnen, ist der nächste Schritt,
dich *wichtig* zu nehmen,
und zwar in der Weise, daß du erst einmal eine Menge über dich herausfindest, um deinen momentanen Standort deiner Beziehung zu dir kennenzulernen.

Wie bin ich?
Bin ich offen oder verschlossen,
warm oder kalt,
zufrieden oder unzufrieden,
glücklich oder unglücklich,
klar oder verwirrt,
mit mir verbunden oder eher unverbunden usw.?

Wie geht es mir mit mir?

Was fühle ich hauptsächlich?
Was macht mir welche Gefühle,
was berührt mich, läßt mich kalt,
was empfinde ich als warm/kalt,
freundlich/unfreundlich?

Welche Vorlieben und Abneigungen kenne ich bei mir?
Was mag ich, was mag ich nicht,
was gefällt mir, gefällt mir nicht?

Was geht in mir vor?
Welche Gedanken denke ich,
welche sind mir förderlich, welche weniger,
welche stehen mir im Wege?
Was denke ich wozu,
wie denke ich über etwas, zum Beispiel über mich,
über andere, Dinge, Themen?

Wie gehe ich mit mir um?
Wieviel Energie habe ich?

Was kann ich an mir annehmen?
   Was nicht?
Wieviel Raum nimmt mein Inneres ein?
Was behindert mich in meinem Leben?
Welche ungelösten Probleme habe ich?
Welche Beziehung habe ich zu meinem Körper?
Was hält mich davon ab, mich zu lieben?
Welche Ziele verfolge ich in meinem Leben?

Finde heraus, welche Art der Beziehung du zu dir hast – ohne dich zu bewerten, zu vergleichen oder ähnliches.
Um dir diese Fragen zu beantworten, brauchst du die Bereitschaft, dich das alles wissen zu lassen, und konzentrierte, regelmäßige Aufmerksamkeit. Gib nicht auf, bevor klare Antworten zu deinen Fragen kommen.
Besonders wichtig ist dabei, daß du dich auch das anschauen läßt, was du bisher vor dir versteckt gehalten hast – und zwar in deinem Schatten. Das ist besonders deswegen wichtig, weil der Schatten der Teil ist, den du bisher nicht lieben wolltest. In genau diesen Teil mußt du wieder Licht bringen, ihn zum Leben erwecken und ihn annehmen lernen, um dich lieben zu können; denn du kannst dich nur im Ganzen lieben, weil die Liebe nichts Aufteilendes oder Trennendes hat. Die Liebe braucht den freien Blick für alles.
Wenn du deinen Standort mehr oder weniger kennst, frage dich als nächstes:

Wie bin ich dahin gekommen?

Und wenn du das weißt:

 Was habe ich zu lernen, um an einen anderen Ort zu kommen?

Als nächsten Schritt gilt es,

den Wunsch in dir zu entwickeln,
dich so intensiv wie möglich zu erfahren.

Das ist deswegen so wichtig, weil persönliches Lernen hauptsächlich durch Erfahrungen stattfindet.

Sich zu erfahren schafft außerdem Intensität und Freude.
Leider sind wir schon als Kinder gebremst worden, uns in allem zu erfahren: »Tu dies nicht, mach jenes nicht«, »So darfst du nicht sein«, indem wir »problemlos« und »gut« sein mußten, aber auch dadurch, daß wir ständig bewertet wurden.
Dadurch haben wir die Wahrnehmung nicht auf uns gerichtet, sondern darauf, was wir tun müssen, um zu gefallen, gut anzukommen oder gemocht zu werden.
Bei einer Erfahrung geht es jedoch darum, daß du genau wahrnimmst, wie etwas wirklich für dich ist, was es mit dir macht, wie du dich dabei fühlst, was es in dir auslöst.
Je tiefer du dich alles erfahren läßt, was dir begegnet, um so schneller geht dein Wachstumsprozeß.
Du kannst dich alleine erfahren oder mit anderen, indem du dir aktiv Erfahrungen suchst oder passiv vom Leben hineingezwungen wirst.
Wenn du dich alleine erfahren willst, brauchst du

> Stille,
> Zeit,
> Muße,
> keine Sorgen, die dich drücken,
> deine Gefühle
> und deinen *neutralen Zuschauer*.

Wenn du dich mit anderen erfahren willst, brauchst du Menschen, die dich lassen können, so wie du im jeweiligen Moment bist, die offen und ehrlich mit dir sind und die auf dich reagieren.
Jede Erfahrung bringt etwas von dir zum Vorschein und führt dich möglicherweise zu einer Einsicht, die dich verändert.
Auf diesem Weg ist es wichtig, daß du deinen Wertungen, die du übernommen hast und die du dir angeeignet hast, keinen Glauben mehr schenkst und ihnen keine Bedeutung beimißt, vor allen Dingen die Wertungen von »gut« und »schlecht«, »positiv« und »negativ«, »gut« und »böse«. Denn nur so fallen die Barrieren zwischen dem, was tatsächlich ist

und was du siehst, weg, und du kannst das wahrnehmen, was tatsächlich ist.

Achte darauf, daß du bei allem, was du tust oder erfährst, nicht den Kontakt zu dir selbst verlierst. Bleib in Verbindung mit dir, so daß du viel ausprobieren kannst, ohne dich zu verlieren.

Wie kannst du erkennen, welcher Weg für *dich* richtig ist? Es gibt zwei Wege, auf denen du immer richtig bist:

❖ **der Weg der Angst**
und
der Weg des Herzens ❖

Du mußt dabei nicht auf einem Weg bleiben, sondern kannst immer hin und her wechseln.

Der Weg der Angst zeigt dir, was du noch nicht kennst oder kannst, und bietet dir an, nicht der Angst auszuweichen, sondern ihr zu folgen und dich den Herausforderungen zu stellen, die dir angst machen. Das können sowohl spezielle Situationen oder Menschen sein als auch ein bestimmter Weg.

Der Weg des Herzens bedeutet, daß du dich an deinem Herzen orientierst und nur das machst und dich mit den Menschen einläßt, wo dein Herz sein will. Dein Herz ist sehr klug: Dort wo es sein will, gibt es immer etwas zu lernen.

Beide Wege zeigen dir *deine* speziellen Lektionen. Du kannst dabei sowohl auf einem Weg gehen als auch auf beiden.

Wichtig ist auch, daß du lernst, ***dir all das zu geben,***
was dich erweitert, dich weiterbringt, dir Freude bereitet, was dich glücklich macht, was dich gesund macht, was du zum Lernen brauchst,

und ***dir das nicht mehr zu geben,***
was dich von dir wegbringt, was dich unglücklich macht (außer es dient deinem Wachstum), was dich behindert, was dich nicht sein läßt, was du bist, was deinen Körper verunreinigt oder ihn krank macht, was dein Bewußtsein trübt wie

zum Beispiel Zucker, Zigaretten, Schlaf- und Beruhigungstabletten usw.

Manche deiner Entwicklungsschritte werden dir sehr unangenehm vorkommen und dir einiges an Mut und Durchhaltevermögen abverlangen, alte Schmerzen oder Ängste können wieder auftauchen, oder du bemerkst deine tiefe Wut, manchmal wirst du vielleicht nicht weiter wissen und in einer Krise landen. Der Sinn dahinter ist, daß du dich von Altem befreist, um etwas Neues leben zu können. Es kann sein, daß du bei manchen Schritten Hilfe brauchst – gib dir auch das, aber wähle sorgfältig aus.
Mach dir immer ganz bewußt, was du gelernt hast, und lebe danach. Denn allein zu wissen reicht nicht, dein Wissen muß auch dein Sein verändern, sonst bleibt es unrein und unverdaut in dir stecken.
In der Beziehung zu dir kannst du alles erleben, was du möchtest. Du kannst in der Beziehung zu dir verkümmern oder aufblühen, du kannst sie als einen Ort erleben, wo du dich um dich kümmerst oder wo du dich mißachtest. Du kannst sie als ein Abenteuer gestalten oder aus ihr ein Altersheim machen. Ganz wie du willst!
Finde heraus, wie du dich mit dir am wohlsten fühlst, wann du die meiste Energie hast, wann du dich am lebendigsten und jüngsten fühlst, was du brauchst, um klar zu sein, was dich Menschen näher bringt usw.
Wenn du auf deinem Weg die Liebe als Orientierung wählst, kannst du nie vom Weg abkommen. Denn dort, wo du dich öffnest oder die Liebe erfährst, geht es für dich weiter.

Übrigens: Deine Beziehung zu dir entscheidet darüber, wie deine Beziehung zu anderen ist. Du kannst den anderen nur das geben, was du dir selber gibst. Nur wenn du dich wichtig nimmst, kannst du jemand anderen wichtig nehmen. Wenn du dich öffnest, werden sich auch die anderen in deiner Gegenwart öffnen. Also gib dir das, was du gerne mit anderen erleben möchtest.

Die Werkzeuge einer Beziehung

So wie die Beziehung zwischen zwei Menschen, so braucht auch die Beziehung zu dir selbst bestimmte Werkzeuge, um dir selbst begegnen und eine fruchtbare Beziehung aufbauen zu können:

dich wichtig nehmen,
auf dich achten,
Aufmerksamkeit,
Konzentration,
Wahrheitsliebe,
Zeit,
Interesse an dir selbst,
Offenheit dir selbst und anderen gegenüber,
Verbindung zu deinen Gefühlen und Impulsen,
Mut, dich zu zeigen – um dich wahrzunehmen,
die Erlaubnis, daß du alles sein darfst,
die Freiheit von Werten wie »gut« und »schlecht«,
 »positiv« und »negativ« usw.,
daß du berührbar bist,
daß andere dich erreichen können,
daß sich dein Bild von dir verändern darf,
dein Wunsch nach Bewußtheit,
die Instanz des neutralen Zuschauers,
ein reiner Körper,
daß du dir verzeihen kannst,
daß du Verantwortung für dich übernimmst,
Mut,
Zutrauen.

Manche dieser Werkzeuge kannst du dir selbst erarbeiten, manche wirst du nur mit anderen Menschen erlernen können, für andere wirst du einen Therapeuten, einen Lehrer oder bestimmte Wachstumsgruppen brauchen.

Wichtig ist dabei, daß du dir vorher ganz klar machst, welches der Werkzeuge du dir erarbeiten willst und welche Hilfe du dazu brauchst. Wenn du dazu einen Menschen brauchst, denke daran, daß dir nur jemand etwas beibringen kann, was er selber beherrscht. Also sei wachsam.

Sackgassen im Umgang mit dir selbst

Dir nichts zuzutrauen.
Perfekt sein zu wollen.
Dich ständig zu verunsichern.
Nicht fühlen zu wollen.
Keine Probleme haben zu wollen.
Dich wegen allem und jedem zu kritisieren.
Dich ständig verändern zu wollen.
Dich zu zwingen, auf eine bestimmte Weise zu sein, zum Beispiel liebevoll, auch wenn dir nicht danach ist.
Dich ständig zu überfordern.
Dich bei allem zu schonen.
Dich ständig unter Druck zu setzen, um zum Beispiel schnell zu wachsen.
Dich ständig zu bewerten.
Ständig ungeduldig mit dir zu sein.
Dir keine Zeit zu geben – mit was auch immer.
Deinen Blick nicht auf dich, sondern auf andere gerichtet zu haben.
Deinen Schatten nicht sehen oder wahrhaben zu wollen.
Dein Bild von dir nicht antasten zu lassen.
Einem Bild, das du oder andere von dir gemacht haben, entsprechen zu wollen.
Immer gut dastehen zu wollen.
Nicht lernen zu wollen.
Zu glauben, daß du schon alles von dir weißt.

Dein Körper ist dein Spiegel.

Die Beziehung zum eigenen Körper vertiefen

Der Körper ist der Teil, der dir als Seele erlaubt, dich hier auf diesem Planeten Erde als Mensch zu erfahren und an diesem Abenteuer zu wachsen. Anders ausgedrückt: Am Anfang deines Lebens bekommst du für dein irdisches Leben einen Körper »gestellt«, den du am Ende deines Menschenlebens wieder abgeben mußt.

Dein Körper ist eine perfekte Maschine, die sich selbst reguliert und heilt, soweit sie von dir mit entsprechender Sorgfalt gepflegt und ernährt wird. Dem Körper stehen sehr wertvolle Instrumente wie Augen, Ohren, Sprechorgane, Verstand, Arme, Hände, Beine etc. zur Verfügung, so daß er eine Menge leisten kann.

Gleichzeitig ist der Körper selbst ein hochsensibles, fühlendes, empfindendes Instrument, durch das du das Leben in dir und außerhalb von dir wahrnehmen, empfinden, begreifen lernen und Erfahrungen machen kannst – vorausgesetzt, dein Körper ist gesund, relativ rein und hat eine gute Verdauung.

Denn vom Zustand deines Körpers hängt es ab, *wie* du das Leben erlebst und wieviel du von dir und deiner Außenwelt mitbekommst, da jede Störung in deinem Körper deine Wahrnehmung, Sensibilität und Lebendigkeit trübt. Wenn du innerlich sehr verunreinigt bist, merkst du gar nicht, welche Nahrungsmittel deinem Körper nicht guttun, und wenn dein Körper sehr undurchlässig ist, spürst du weniger, was von außen auf dich zukommt, und du nimmst weniger wahr.

Gleichzeitig wird dein Fühlen und Denken vom Zustand deines Körpers beeinflußt:

> Ist dein Körper innerlich sehr unrein, denkst du auch unreiner, du bist eher geneigt, »Negatives« zu denken und zu fühlen.
>
> Gibst du deinem Körper viele Süßigkeiten, wirst du dich eher schwer und gedämpft fühlen, und es wird dir schwerfallen, ganz lebendig zu sein.

Ist dein Dickdarm immer voll – einfach weil du andauernd und viel ißt oder schlecht verdaust –, ist es schwierig für dich, aktiv zu werden.
Ist dein Magen aus den gleichen Gründen immer voll, wird es dir schwerfallen, energievoll und freudig zu sein, weil du ständig »belastet« bist.

Dein Körper hat neben seiner Aufgabe, sich selbst zu erhalten, viele' wichtige Funktionen; in erster Linie dient er jedoch deiner Bewußtwerdung, indem er dein *Spiegel* ist.
Wenn du in diesen Spiegel hineinschaust, zeigt er dir sehr deutlich, wie du mit ihm umgehst, wie du zu ihm und zu dir als Person stehst und welche gefühlsmäßigen und geistigen Haltungen du dem Leben gegenüber im Moment oder dauerhaft eingenommen hast. Zum Teil betreffen diese Haltungen deine Vergangenheit, beeinflussen jedoch höchstwahrscheinlich immer noch dein gegenwärtiges Leben.
An deinem Aussehen kannst du ablesen, wie du mit deinem Körper umgehst – kurzfristig und langfristig. Wenn du dich anschaust, kannst du sehen, ob du dir genügend Schlaf gegönnt oder dich überanstrengt hast. Langfristig kannst du ablesen, ob du mit deinem Körper so umgegangen bist, daß er gesund und vital oder krank und energielos ist.
Durch sein Aussehen und körperliche Symptome wie Schmerzen, Krankheit, Druck, Spannung, Schwere etc. zeigt er dir die Wirkung deines Umgangs mit ihm und fordert dich auf, ihm das zu geben, was er braucht, um wieder ins Gleichgewicht kommen zu können. Das wirst du natürlich nur tun, wenn du zu deinem Körper eine Beziehung hast. Je schwächer deine Beziehung zu ihm ist, desto mehr wird er sich über Schmerzen und Krankheiten bemerkbar machen. Von deiner Bereitschaft, diese Zeichen deines Körpers wahrzunehmen und auf sie zu hören, wird es abhängen, ob dir dein Körper letztlich dient und dir hilft, bewußter über dich zu werden, oder ob er dich durch ständige Schmerzen oder Krankheiten davon abhält, Bewußtsein zu erlangen.

Auch *die Haltungen, die du deinem Körper gegenüber* eingenommen hast, kannst du leicht – wenn du es willst – ablesen. An deinem Gesichtsausdruck und an der Art, wie du deinen Körper trägst und bewegst, kannst du erkennen, ob du ihn magst oder ihn am liebsten verstecken würdest, ob er dir eine Last ist oder ob du ihn schätzt und gerne bewegst.

Ebenso kannst du ohne große Schwierigkeiten *die Haltung dir selbst gegenüber* herausfinden, wenn du dich vor einem Spiegel bewegst und deinen Körper dabei betrachtest (oder indem du andere darüber befragst). Siehst du da jemanden, der sich annimmt und gerne herzeigt? Sieht so jemand aus, der Selbstvertrauen hat, der selbstsicher ist? Oder ist da jemand, der sich zusammennimmt und sich wenig zutraut?

Dein Körper spiegelt dir auch *deinen momentanen psychischen und geistigen Zustand*: Du kannst erkennen, ob du glücklich oder frustriert bist, ob du verbissen oder locker bist, am Haben orientiert oder gebend bist.

Außerdem ist dein Körper Spiegel für *deine geistigen und gefühlsmäßigen Haltungen,* die du in frühester Kindheit dem Leben gegenüber eingenommen hast: Dein Körper kann dir bei näherer Betrachtung aufzeigen, ob du dem Leben mit einer gewissen Sicherheit oder mit starken Ängsten gegenübertrittst, ob du stolz bist oder dich minderwertig fühlst, ob du resignierst oder dich zu einem unnatürlichen Optimismus entschieden hast, den du jetzt zur Schau trägst.

Jede dieser Haltungen hat deinen Körper in einer gewissen Weise ver-formt: Entweder hängen deine Schultern, oder du hast sie stark hochgezogen, dein Becken ist nach vorne oder hinten gekippt, dein Brustkorb erweitert oder verengt. Es gibt unendlich viele Möglichkeiten. Wichtig ist nur, in welcher Weise deine Haltungen deinen Körper ver-formt haben.

Diese Verformungen dienen dir heute dazu, deine Geschichte ausfindig zu machen und sie zu heilen. Denn diese Haltungen haben dich in der Weise geprägt, daß sie dich nicht mehr alles fühlen und denken lassen: Mit einem sehr engen Brustkorb bewegt man sich auch sonst in sehr engen Grenzen und nimmt sich eher zurück, anstatt sich auszuleben.

Du kannst jedoch kein inneres Problem allein über den Körper lösen. Wenn sich durch eine Körperbehandlung dein Körper wieder öffnet und deine Körperenergie wieder ins Fließen kommt und du nicht gleichzeitig überlegst, was dieser körperlichen Blockierung psychisch und geistig zugrunde lag, geht der Körper mit der Zeit wieder zu, und höchstwahrscheinlich wird die Energie wieder an der gleichen Stelle blockieren. Geschieht dies ein paarmal hintereinander, geht der Körper immer schneller wieder zu und in seine alte Lage zurück.

Arbeitest du jedoch gleichzeitig an den dahinterliegenden Problemen und Haltungen, ist es für dich sehr viel leichter, zu den notwendigen Einsichten zu kommen, da sich die Öffnung deines Körpers auch auf dein Inneres auswirkt, und du kannst meistens mit weniger Schmerzen die eigentliche Geschichte erkennen und auflösen. Insgesamt ist dann die Heilung ganzheitlicher.

Gleichzeitig ist der Körper ein *Speicher* für deine Gefühle, die du nicht gelebt und ausgedrückt hast, und für alles, was du bisher erlebt hast. Die Erinnerung an deine Gefühle und Erlebnisse kannst du jederzeit, wenn es dir wichtig ist, zum Beispiel durch Hypnose oder andere Übungen, wieder wachrufen. Das ist jedoch nur in Ausnahmefällen nötig, da sich alles im Hier und Jetzt widerspiegelt.

Dein Körper ist daneben ein *Träger von Informationen* aus früheren Leben. Alte Verletzungen – körperlicher oder seelischer Natur –, die du noch nicht aufgearbeitet hast, übernimmt der Körper als Schwachstellen, damit du dich in diesem Leben damit auseinandersetzt und für eine Bereinigung sorgst. Manchmal ist dafür eine Rückerinnerung nötig.

Der Körper ist *das Mittel*, mit dem du dich ausdrücken und in diesem Leben wirken kannst. Ob du ihn dafür einsetzt, liegt ganz bei dir.

Obwohl dein Körper so viele Aufgaben und Funktionen erfüllt, ist er dennoch nur *ein* Teil von dir, nicht mehr oder weniger wichtig als andere Teile von dir. Und trotzdem braucht er deine Aufmerksamkeit, deine Sorge, dein Hinhören, dein Nachspüren und deine Liebe, damit auch er sich voll entwickeln kann und du durch ihn das Leben in vollen Zügen genießen kannst.

Die Hinwendung zu deinem Körper

Schritt 1
Achte und höre auf deinen Körper
Mach dir bewußt, daß dein Körper für dich sehr wichtig ist und daß er – wenn du das willst – dein Freund sein kann, der dich darin unterstützt, dich zu verwirklichen.
Beginne ab sofort, ihn mehr wahrzunehmen – indem du es einfach tust und dich fragst: Wie fühle ich mich in meinem Körper? Wenn du dich leicht ablenken läßt, schließe deine Augen. Nimm soviel wahr, wie du im Moment kannst.
Es kann sein, daß du in deinem Körper gleichzeitig verschiedene Dinge wahrnimmst, zum Beispiel fühlen sich deine Beine schwer an, dein Bauch ist aufgebläht und deine Brust fühlt sich ganz frei und offen an. Versuche herauszufinden, womit es zusammenhängt, daß dein Körper sich so anfühlt.
Gib dir im Laufe eines Tages immer wieder einmal Zeit, deinen Körper wahrzunehmen, und mach dir die Zusammenhänge bewußt, soweit du Zugang dazu hast. Dehne deine Wahrnehmung allmählich soweit aus, daß du eines Tages ständig in Kontakt mit deinem Körper bist.
Achte beispielsweise darauf, ob und wie dir dein Essen schmeckt und wie es dir bekommt. Achte darauf, welche Nahrungsmittel dich belasten und bei welchen du leicht bleibst. Achte darauf, wie sich dein Körper anfühlt, wenn du ihn bewegst, und wie, wenn er steht. Gibt es Stellen an deinem Körper, die dir weh tun? Wie fühlt sich dein Körper an, wenn du deine Gefühle ausdrückst, und wie, wenn du sie runterschluckst?

Jede Achtsamkeit, die du deinem Körper gibst, macht dich bereiter, auf deinen Körper zu hören und ihm das zu geben, was er braucht. Gönne dir Ruhe, wenn du merkst, daß du völlig erschöpft bist, oder höre mit dem Essen auf, wenn du merkst, daß du wirklich satt bist. Habe ein waches Auge auf deinen Körper und diene ihm, damit er dir dienen kann.

Schritt 2
Wie funktioniert dein Körper?
Finde heraus, wie dein Körper funktioniert. Entweder hast du noch ein altes Biologiebuch von deiner Schulzeit zu Hause, oder du kaufst dir ein anderes, gut übersichtliches Werk, das du leicht verstehen kannst, oder du besuchst einen entsprechenden Kurs. Mach dir zum Ziel, daß du den Aufbau des Körpers und seine inneren Abläufe wirklich verstehst.

Schritt 3
Wie sieht es in deinem Körper aus?
Suche nach einem Menschen, der hellsichtig ist und in deinen Körper hineinschauen kann (Körper-Reading), und laß dir präzise schildern, wie es in deinem Körper aussieht, ob die Organe funktionieren, wie dein Blut aussieht, deine Därme usw., oder gehe zu einem Heilpraktiker oder Arzt, der mit verschiedenen Diagnose-Verfahren arbeitet, zum Beispiel Augen-Diagnose, Kirlian-Fotografie, Haaranalyse, Gesichts- und Hand-Diagnose usw., und der dir ein genaues Bild über deinen Gesundheits- oder Krankheitszustand geben kann. Frage so lange nach, bis du alles verstehst.

Schritt 4
Was braucht dein Körper?
Sollte dein Körper gesund sein, finde heraus, was du alles zu seiner Gesunderhaltung tun kannst.
Sollte er krank sein oder auf dem Weg dahin, finde heraus, was es alles für dich gibt, um deinen Körper zu reinigen und zu heilen. Informiere dich in alle Richtungen, lies die Bücher, die dich ansprechen oder die dir empfohlen werden, höre dir entsprechende Vorträge an, spreche mit Patienten und mit

Behandlern. Finde heraus, was du für dich tun kannst und wo es Hilfe und Unterstützung für dich gibt.

Schritt 5
Was hast du bisher für deinen Körper getan?
Mach dir ganz klar, wie du bisher mit deinem Körper umgegangen bist. Hast du dich bisher gesund ernährt oder gar nicht darauf geachtet? Wie hast du gegessen, mit Streß oder mit Ruhe? Hast du geraucht, Alkohol getrunken und Zucker gegessen? Hast du viel Chemie in Form von Tabletten und Spritzen in dich hineinpumpen lassen?
Hast du dich ausreichend bewegt, in guter Luft? Hast du deinen Körper beachtet oder vernachlässigt, indem du meistens zuviel gegessen hast, dir gleichzeitig wenig Schlaf gegönnt und dir viel Streß zugemutet?
Überdenke vollkommen den Umgang mit deinem Körper und belüge dich dabei nicht, denn je ehrlicher du mit dir bist, desto schneller kannst du herausfinden, was deine Gesundheit gefährdet oder was dich krank gemacht oder verunreinigt hat.

Schritt 6
Was willst du für deinen Körper tun?
Mach dir einen genauen Plan, was du für deinen Körper tun willst. Vielleicht willst du dich mehr bewegen, anders essen oder verschiedene Heilmethoden ausprobieren? Nimm dir nicht zuviel auf einmal vor, aber folge konsequent deinem Plan und überprüfe immer wieder die Ergebnisse.

---

*F*ür jede Zuwendung, die du deinem Körper zuteil werden läßt, wird er dir in Form von Schönheit und/oder Gesundheit danken. Dafür solltest du alles in deinen Kräften Stehende tun.

*Der Umgang mit anderen
spiegelt deinen Umgang mit dir selbst.*

Dich in anderen erkennen

Dich auf andere Menschen einzulassen und dich mit ihnen zusammen zu erfahren, ist ein weiterer Schritt, um dich sehen und lieben zu lernen und damit deine Beziehung zu dir zu vertiefen. Denn mit anderen zusammen kannst du viel mehr von dir erkennen und dich deutlicher sehen lernen.

Du erfährst dich in Seiten, die du möglicherweise vorher nie gekannt hast. Du merkst zum Beispiel, wie lustig du sein kannst oder wie geizig du bist. Und es kommen Dinge ans Licht, die du vor dir und anderen manchmal schon sehr lange geheimgehalten hast, etwa wie rechthaberisch du bist.

Dabei dienen dir – wenn du das willst – deine Mitmenschen als Spiegel: Du kannst dich in ihnen erkennen. Wenn du darauf achtest, was du in sie hineindenkst oder was dich an ihnen stört, ärgert oder was du nicht annehmen kannst, und dich dann fragst, was es mit dir zu tun hat, wirst du vieles auch bei dir sehen können. Meistens sind es Anteile von dir, die du an dir nicht magst und sie daher lieber auf andere überträgst, zum Beispiel deine Unzuverlässigkeit oder wie du nicht sein willst oder nicht sein darfst, wie schlampig oder unüberlegt.

Jetzt hast du außerdem die Möglichkeit, deine Anteile einmal von außen zu betrachten und nachzuempfinden, wie sich wohl andere damit fühlen. Du merkst plötzlich, wie weh dir die Härte eines Menschen tut und hast jetzt die Möglichkeit, nachzuempfinden, wie weh deine Härte anderen tut. Dadurch kann sich in dir der Wunsch auftun, weicher werden zu wollen.

Andere Teile von dir kommen erst dadurch in dein Bewußtsein, indem jemand auf dich reagiert und dir aufzeigt, was du in ihm auslöst, sei es Ärger, Traurigkeit, Abscheu etc. Du merkst vielleicht erst, wie schnell du dich von anderen abwendest, wenn dir einmal jemand aufzeigt, wie schmerzhaft das für ihn ist.

An Menschen kannst du gleichzeitig erkennen, was du schon

kannst, und was nicht. Vielleicht kannst du deinen Ärger schon ausdrücken, es gelingt dir aber noch nicht, dem anderen zu zeigen, daß du ihn magst. Es wird auch sehr schnell sichtbar, was du an anderen annehmen kannst, und was nicht, und auch das hat mit dir zu tun. Denn meistens kannst du das an anderen annehmen, was du an dir annehmen kannst, und lehnst das ab, was du auch an dir ablehnst. Das heißt: Die anderen Menschen zeigen dir deutlich auf, wo du in deiner Entwicklung stehst, und das ist sehr wichtig für dich. Denn sonst kannst du nicht die Lektionen kennenlernen, die noch vor dir liegen.

Außerdem verhelfen dir deine Mitmenschen dazu, eine Menge im Miteinander zu lernen, was du alleine nicht oder nur schwer lernen könntest:

- dich mehr zu öffnen und dich zu zeigen,
- ehrlicher und direkter im Kontakt zu werden,
- mit den Reaktionen der anderen umgehen zu lernen,
- nicht immer recht haben zu wollen,
- streiten zu lernen, ohne den anderen abzulehnen,
- dazubleiben, auch wenn du dich über den anderen ärgerst oder über ihn enttäuscht bist,
- bei dir zu bleiben,
- dich unabhängig vom anderen zu leben,
- dein Bild von dir deiner Wirklichkeit anzupassen,
- deine Probleme zu erkennen und zuzugeben und auch die Probleme des anderen zu sehen und anzunehmen,
- dich zu wehren,
- deine Grenzen zu erkennen,
- dich durchzusetzen, wo es dir wichtig ist,
- nachzugeben,
- zu verzeihen,
- auf dein Glück und das des anderen zu achten,
- den anderen uneingeschränkt anzunehmen,
- lieben zu lernen
- und vieles andere mehr.

Dadurch kannst du deine jeweiligen Grenzen erweitern und über dich und deine Geschichte hinauswachsen.
Das menschliche Miteinander ist also ebenso wichtig für dich wie dein Prozeß mit dir selbst – vorausgesetzt natürlich, daß du dich darin erfährst.

> *D*ie Selbsterfahrung mit anderen ist selbstverständlich viel ereignis- und konfliktreicher, als wenn du dich nur alleine erfahren würdest, und es werden viel mehr Widerstände in dir auftauchen. Doch deine Wachstumsmöglichkeiten vergrößern sich enorm, deine Entwicklung beschleunigt sich und deine Energie nimmt zu.

Außerdem ist das Miteinander mit anderen für dich ein wichtiges Barometer. Wenn du dich mit anderen erfährst, ist es ein Zeichen dafür, daß du dich mehr um dich kümmerst. Bist du hingegen mehr und mehr alleine, ist es ein Zeichen für dich, daß du dich isolierst oder auf dem Wege dahin bist und dich wahrscheinlich dein Egoismus im Griff hat.
Also suche nach einer gesunden Mischung, dich alleine und mit anderen zu erfahren. Beides braucht eine Menge Zeit, aber jede Minute davon bringt dich ein Stück weiter auf dem Weg, dich selbst zu lieben.

4
Dein ursprüngliches Ziel wiederfinden

Jeder Mensch kommt mit einem bestimmten inneren Ziel (manchmal auch Zielen, die jedoch in die gleiche Richtung gehen) auf die Welt, das (oder die) er hier verwirklichen will, wie zum Beispiel der Wunsch, mit der Natur eins zu werden, oder innere Fülle oder Kraft und Klarheit zu leben, oder zu lehren, sei es über das menschliche Miteinander, über die Stille oder über das Essen usw.

Dieses innere Ziel ist gleichzeitig eine Aufgabe, die uns dazu dient, uns an etwas Speziellem erfahren zu können, und ein Weg, damit sich unser Wesen in der Welt ausbreiten und sichtbar werden kann. Dieses Ziel war uns als Kleinkind noch sehr nah. Da wir jedoch zu dieser Zeit der Sprache noch nicht mächtig waren, konnten wir es nicht artikulieren.

Dieses Ziel klingt jedoch in einer liebevollen Atmosphäre an und kann von den Eltern auch ohne Worte erkannt und verstanden werden, vorausgesetzt, sie haben ein Auge dafür. Wird das Ziel von den Eltern jedoch weder erkannt noch bestätigt, indem sie das Kind *nicht* bestärken, das zu tun oder auszudrücken, was ihm wichtig ist und wonach es strebt, kann sich das Kind in den seltensten Fällen seine Ziele bewahren, bis es sie bewußt wahrnehmen und ausdrücken kann.

Dadurch werden die ursprünglichen Ziele in ihm immer diffuser, bis sie in andere Haltungen einmünden, die dem Ziel ähnlich sind: Wollte ein Kind zum Beispiel ursprünglich innere Fülle in sich entwickeln und leben, kann es sein, daß es, sobald es in Berührung mit Geld kommt, eine richtige Geldgier entwickelt, sich aber gleichzeitig wundert, daß es von Geld nicht er»füllt« wird. Oder: Jemand wollte ursprünglich Kraft und Klarheit leben, entwickelt aber statt dessen ein

großes Machtstreben und wartet vergeblich auf die Befriedigung, die er sich davon erwartet.
Dieses ursprüngliche Ziel kannst du nicht durch irgendwelche äußeren Aktivitäten wiederfinden. Es taucht jedoch dann wieder auf, wenn du mit dir im reinen und eine dauerhafte Verbindung zu dir eingegangen bist. Solange du noch in Abhängigkeiten, Problemen, Verantwortungslosigkeit usw. verstrickt bist, hast du keinen Zugang zu diesem Ziel. Dieses Ziel oder diese Aufgabe schält sich sozusagen erst dann heraus, wenn du deine scheinbaren Bedürfnisse, Abhängigkeiten und deine Willenlosigkeit fallengelassen hast.
Mit anderen Worten: Du sollst dich erst einmal entwickeln und von allem, was dich behindert, befreien und damit ein bestimmtes Stadium der Selbstarbeit erreichen, damit dein Ziel kein Irrweg für dich wird. Zum einen wäre es sehr schwierig für dich, dieser Aufgabe nachzugehen, wenn du dich nicht genügend vorbereitet hast, zum anderen wärst du gleichzeitig eine Gefahr für die Menschen. Hättest du zum Beispiel das Ziel, zu lehren, und wärst selber noch verwirrt, würdest du viele Menschen fehlleiten. Du kannst es vergleichen mit dem Ziel, eine Reise zu machen: Erst muß dein Auto klar sein, dann kannst du damit auf Reisen gehen.
Was jedoch sehr hilfreich sein kann, ist, ehrlich danach zu forschen, wodurch dir dein Ziel verlorengegangen ist: Sei es
> durch Enttäuschungen,
> ständig erfahrene Ohnmacht,
> nicht gelebte Schmerzen,
> Geld- und/oder Besitzgier,
> ständig nicht gelöste Probleme,
> Machtstreben,
> einseitiger Wissensdurst,
> Erfolgssucht,
> Sex-Sucht usw.

All das hätte dein Ziel überlagert und zugeschüttet.
Vielleicht gelingt es dir auch, dich an deine Kindheit zu erinnern und herauszufinden, was dir damals besonders am Her-

zen lag oder mit was du dich innerlich beschäftigt hast – bevor du in die Schul-, Universitäts- oder Arbeitswelt eingetreten bist. Oder vielleicht gelingt es dir, herauszufinden, was dich hinter all dem, was du tust, wirklich berührt oder dich tief innen bewegt – sei es, daß du großes Mitgefühl für die Menschen oder die Natur spürst, sei es, daß du Menschen aus einem tiefen inneren Bedürfnis heraus etwas verständlich machen möchtest (nicht weil es Mode ist) usw.

Das Wichtigste ist im Moment, daß du weißt, daß dieses Ziel da ist, auch wenn du es noch nicht lebst, und daß es dir nicht verlorengeht.

Du brauchst dich nicht anstrengen, um es zu finden. Fang auch nicht an, zu raten, was es sein könnte, um es dann in dich hineinzuinterpretieren. Laß es einfach auf dich zukommen, wenn die Zeit dafür reif ist. Verstärke inzwischen die Verbindung zu dir selbst und arbeite an deiner inneren und äußeren Befreiung von allem, was dich von der Liebe fernhält.

❖ Sich selbst zu lieben ist ein Weg ❖

Jedesmal wenn du dich
>   abwertest, verurteilst, dich nicht sehen, spüren oder fühlen willst, oder dich nicht sein lassen willst, was du gerade im Moment bist und was zum Ausdruck gebracht werden will,

verläßt du diesen Weg.

Um dich wieder auf den Weg der Selbst-Liebe zurückzubringen, mußt du dir klarmachen, was du gerade mit dir machst und es dir eingestehen. Dann ist es wichtig, daß du dir noch einmal vor Augen führst, daß du alles sein darfst und daß alles okay ist, was du gerade bist. Und dann brauchst du deine Entscheidung, es auch zu leben.

Für deinen Weg

Damit du immer wieder aufs neue herausfinden kannst, wo du dich gerade auf deinem Weg zur Selbst-Liebe befindest, hier noch einmal die wichtigsten Lernziele in Kurzform:

- *Ich weiß, daß ich liebenswert bin.*
- *Ich weiß, daß ich mir diesen Wert weder verdienen muß noch daß ihn mir jemand absprechen kann.*
- *Ich bin mir selbst gegenüber offen und darf alles von mir wahrnehmen, das heißt sehen.*
- *Ich bin bereit, mich in allem, was ich bin, anzunehmen.*
- *Ich gebe mir genügend Wichtigkeit und Aufmerksamkeit.*
- *Ich lasse mich leben und ausdrücken, was in mir ist und mir wichtig erscheint – und erlaube mir damit, sichtbar zu werden.*
- *Ich bin eins mit mir.*
- *Ich habe eine Beziehung zu mir selbst.*
- *Ich sehe mich als Autor meines Lebens.*
- *Es ist mir wichtig, wie ich bin.*
- *Ich begreife mich als Teil des Ganzen.*
- *Ich gebe meinem Leben immer wieder eine Richtung.*
- *Ich habe ein absolutes JA zu mir.*

Und nun beginne
das Abenteuer
mit dir!

Buchempfehlungen

Nicht jedes Buch ist für jeden Menschen geeignet. Achte deshalb genau darauf, ob dich das berührt, was du liest. Wenn es das nicht tut, leg das Buch einfach wieder weg.

Buscaglia, Leo: *Ganz Mensch sein. Die Kunst, mit sich selbst Freundschaft zu schließen*, München 1992
Carse, James P.: *Endliche und unendliche Spiele: Die Chancen des Lebens*, Stuttgart ²1987
Coxhead, Nona: *Glückseligkeit. Die Erfahrung des Kosmischen Bewußtseins*, Grafing 1987
Craemer, Ursula: *Auf der Suche nach der verlorenen Kindheit*, Bad Münstereifel 1992
Diamond, Harvey: *Unser Herz – unsere Erde*, Ritterhude 1991
Diamond, Harvey u. Marilyn: *Fit für's Leben.* 2 Bde., Ritterhude 1988/89
Dowling, Colette: *Der Cinderella-Komplex. Die heimliche Angst der Frauen vor der Unabhängigkeit*, Frankfurt/M. ¹⁶1991
Dyer, Wayne W.: *Der wunde Punkt. Die Kunst, nicht unglücklich zu sein*, Reinbek 1980
Ellis, Albert: *Training der Gefühle. Wie Sie sich hartnäckig weigern, unglücklich zu sein*, München ²1990
Feild, Reshad: *Reshad Feilds Reiseführer auf dem Weg zum Selbst*, Rullstorf Boltersen 1989
Fensterheim, Herbert/Baer, Jean: *Sag nicht ja, wenn du nein sagen willst*, München 1991
Gaylin, Willard: *Gefühle. Unsere lebenswichtigen Signale*, Düsseldorf 1991
Geue, Bernhard: *Wie ich mir das Leben zur Hölle mache. Oder andere erfolgreiche Strategien, sich selbst zu schaden*, Zürich 1992

Golas, Thaddeus: *Der Erleuchtung ist es egal, wie du sie erlangst*, Basel ⁷1991

Henningsen, Peter: *Werkzeuge der Erkenntnis. Zur Transformation unseres Lebens*, Basel 1989

Huxley, Laura A.: *Glücklichsein ist keine Kunst. Anleitung zum Leben und Lieben*, Basel 1989

Keyes, Ken jr.: *Das Leben genießen, trotz allem*, Glattbrugg 1985

Larisch-Haider, Nina: *Füreinander bestimmt. Wie Sie Ihren Seelenpartner finden*, München ³1992

Lazarus, Arnold A./Fay, Allen: *Ich kann, wenn ich will. Anleitung zur psychologischen Selbsthilfe*, München 1985

Linssen, Robert: *Vom Ego zum Licht*, Melsbach-Neuwied 1990

Lorber, Jakob: *Weltbild des Geistes, Bd. 1: Geistige Anatomie des Menschen*, Bietigheim-Bissingen ³1988

Mulford, Prentice: *Unfug des Lebens und des Sterbens*, Frankfurt/M. ¹⁷1992

Natale, Frank: *Lebendige Beziehungen. Die zwanzig Qualitäten der Liebe – ein Selbstentdeckungsbuch*, Berlin 1991

Peck, M. Scott: *Der wunderbare Weg. Eine neue Psychologie der Liebe und des spirituellen Wachstums*, München 1991

Pope Koteen, Judi: *Der letzte Walzer der Tyrannen*, Burggen 1990

Roman, Sanaya: *Sich dem Leben öffnen. Schritte zu persönlichem Wachstum und geistiger Kraft*, Interlaken ⁴1990

Shinn, Florence S.: *Die Kraft deiner Worte*, München 1991

Wilde, Stuart: *Wunder 1* und *Wunder 2*, München 1990

KONTAKTADRESSE

Nina Larisch-Haider
5 Grove Road
Haumoana – Hawke's Bay
New Zealand
Tel./Fax: 00 64-6-8 75 00 66

LOUISE L. HAY

Seit Gesundheit für Körper und Seele vor 20 Jahren zum ersten Mal erschien, ist es zu einem der erfolgreichsten Selbsthilfebücher geworden – mit über 30 Millionen Weltauflage, davon über 1,5 Millionen in Deutschland.

Gesundheit für Körper und Seele
304 Seiten
€ [D] 8,95 / € [A] 9,20 / sFr 16,50
ISBN 3-548-74097-9

Wahre Kraft kommt von Innen
256 Seiten
€ [D] 8,95 / € [A] 9,20 / sFr 16,50
ISBN 3-548-74098-7

Die Kraft einer Frau
192 Seiten
€ [D] 7,95 / € [A] 8,20 / sFr 14,80
ISBN 3-548-74096-0

Das große Buch der heilenden Gedanken
400 Seiten
€ [D] 11,95 / € [A] 12,30 / sFr 21,50
ISBN 3-548-74095-2

Die innere Ruhe finden
192 Seiten
€ [D] 6,95 / € [A] 7,20 / sFr 12,80
ISBN 3-548-74099-5

ULLSTEIN TASCHENBUCH